〈ふつう〉から遠くはなれて

「生きにくさ」に悩むすべての人へ
中島義道語録

中島義道

青春出版社

はじめに

これまで六五冊の本を書いてきました。

処女作は、一九八七年十一月（四一歳のとき）に理想社から刊行した『カントの時間構成の理論』です。一般書としては、一九九〇年一月（四三歳のとき）に出した『ウィーン愛憎』（中公新書）が最初であり、それぞれおびただしい数の人々のお世話になり、原稿を提出してから一年以上もの時間待たされ、やっと刊行しました。

しかし、当時私は自分が「物書き」になるとは思っていなかった。小学生のころから、自分が自分の意志ではなく生まれてきて、あっという間に死ぬというこの残酷な事実を「解決する」ことが生きる目的だと思っていた。そのために、哲学を職業として選んだのは一応理にかなっていますが、先の問題を解決することと書くこととは直接つながらないように見えます。しかし、そうではなく、もし私が物書きにならなかったら、哲学を続けていけなかったかもしれない、いや、（まともに）生きていけなかったかもしれません。

書くこと、しかも自分のことばかり書くこと、どんなに他人に罵倒《ばとう》されても、どんなに他人を苦しめても書くこと、このことによって私は生き延びてきました。「死」に対する恐怖をはじめ、自分の独特の生きにくさは、(親や姉妹をはじめ)他人にはなかなかわかってもらえなかった。それどころか、その悩みを語ることさえ嫌がられた。よって、私の少年時代、青年時代は、まさに最も苦しいことを抱えながら「苦しい」と語ってはならない、という厳しい掟《おきて》のもとに生きてきたのです。

そして、三〇代の後半にやっと哲学でメシが食えるめどが立って、私は「死」を直視していい環境が与えられるとともに、哲学の研究がアホらしくなっていった。というより、どんなに本を読んでも、どんなに勉強しても「死ななくなる」ことはないであろうと思われ、哲学とは所詮《しょせん》むなしい「気晴らし」にすぎないのかもしれない、という想念が身体の深いところから突き上げるように噴出してくるのを感じました。

そんなふうに、不惑どころかますます惑いが強くなってきた四〇歳を迎えたころに、私に「書く」手段が与えられたのです。私は、先の著作で、ウィーンでの自分の苦労話や失敗談を克明に書き出版することによって、大いなる喜びを覚えることを発見しました。活字になり新書になってみると、それは、どこにでもある苦労話ではなく、普遍化された重みのある体験談になっている。私は、書くことによって、他人を見るように自分を見ることを学んだとも言えましょう。

やがて、一九九五年五月（四九歳のとき）に刊行した『哲学の教科書』（講談社学術文庫）を皮切りに、私は自分の身体をえぐるように自分のナマの思いを書いていくようになった。そして、次第に、これは、子どものころから私の苦しみをわかろうとしなかった親や先生をはじめとする「〈ふつう〉の」大人たち、死のことなど考えてもいないような「〈ふつう〉の」少年たち青年たちに対する復讐《ふくしゅう》ではないか、と思うようになりました。間もなく死んでいくという残酷な刑を与えた者（神？）はいないかもしれないから、復讐はできない。とすると、私の周囲で死なんてなんともないという顔をしている「普通人」に対して、私は激しい怨念をもって復讐しているのです（とはいえ、普通人は私の本など読んではくれないでしょうが）。

こういう「遊び」を続けていくうちに、思わぬ副産物として、私のうちで「死への解決」とは言わないまでも、世界の相貌《そうぼう》が次第に変わっていったことも報告しておかねばなりません。世界はそんなに確固として「ある」わけではなく、哲学は、けっして気晴らしではなく、世界を根本から破壊できそうなのです。

ここに収録したのは、二〇年に及ぶ私の「遊び」いや「悪だくみ」の堆積《たいせき》物であり、他人に向かって語りかけているように見えて、じつはすべて自分が生き抜くために自分に向けて書いたもの。

私は、「人生は生きるに値しない」と確信し、それを明瞭かつ執拗《しつよう》に書いて刊行し、多くの他人を巻き添えにすると、ようやく絶望しないで生きていける困った人なのです。とはいえ、物書きとしての長い経験から、私のようなワルではないとしても「人生は生きるに値しない」と心の底から確信することによって、ようやく明日からも一抹の希望をもって生きていける人もいるのではないか……こういう一筋の期待を込めて、「(ためになる?) 毒」に満ちた「中島義道語録」をお届けする次第です。

〈ふつう〉から遠くはなれて　――「生きにくさ」に悩むすべての人へ　中島義道語録　もくじ

もくじ

本文デザイン・ＤＴＰ　サイワイデザイン

引用文について

○引用文の末尾に出典を記しました。同じ出典が続く場合は最後の文にのみ出典を記しました。出典については「出典著作一覧」をご参照ください。

○引用文は、原著の長い一文は適当に区分、中略をして読みやすくしました。

○引用文中の（　）はもともと原著についていたもの。〔　〕はわかりやすくするために補充したものです。

1 いつも「死」を考えている

いつも「死」を考えている

七〇歳を迎えてまさにもうじき死ぬわけですが、あらためて想い起こすのは小学校一年生の教科書の背表紙に書かれていた文章です。

それは「あなた方はこれから七〇年以上も生きるのですから、心を大きく持って……」というものであって、七歳の私はそれを授業のたびごとに繰り返して読んで「あと七〇年しか生きられないのだ、どうしよう！」と思い、頭がおかしくなっていった。

それは、「そうだよ、みんないずれ死ぬんだよ、むなしいなあ」というような冷静な感じではなく、「死神」からそのひんやりした手で襟首《えりくび》をつかまれた感じで、毎晩布団にもぐると「今晩死ぬのかもしれない！」と思って、布団を口に当てて絶叫していたのです。

その後六〇年以上にわたって、この感じが私の体内から消えたことはありませんが、私にとっていまもって不思議なのは、大多数の人が、それを考えると頭がくらくらし広大な暗黒の宇宙に投げ出されたような不安感に襲《おそ》われ、思わず全身の震《ふる》えが止まらなくなり、涙が出てくる……といった死に対する感じをもっていないようなのです。

哲学をするにはこの感じが絶対条件ではありませんが（そうでない哲学仲間は大勢いる）、少なくとも私に似た感じをもっている人は、もっと重要な問題があるかのように、あらゆる形のごまかしがまかり通っている世間で窒息《ちっそく》しないためには、哲学するしかありません。

どうせ死んでしまう

それは今夜かもしれず、明日かもしれず、明後日かもしれず、一週間後かもしれず、一年後かもしれず、一〇年後かもしれず、運のいい人は五〇年後かもしれない。しかし、あなたは確実に死んでしまう。あなたはこの地上ばかりか、この宇宙の果てまで探してもいなくなる。そして生を受けたこのチャンスはたぶんただ一度かぎり。もう二度とあなたが生きることはない。

『働くことがイヤな人のための本』

私はずっと恐ろしく不幸でしたし、いまでも恐ろしく不幸です。それは、私がひとなみはずれて不遇だからではなく、私が自分の意志でもなくて勝手に生まれさせられ、その意味もわからないまままもなく死ぬ、ということに神経症的にこだわっているからです。ずっと、このことだけを考えて生きてきました。この人生において、真剣に考えるに値することはこのことくらいしかない、と一〇歳のころから確信しており、この確信はその後四五年にわたって一度も揺らいだことがない。

しかも、私の場合、このやりきれなさは宇宙論的広がりをもっていて、この広大な宇宙の中にたった一瞬生きてまた無に帰するということ、この無意味さを実感するたびにすさまじく不幸になるのです。これは解決できない問いであり、私をうちのめし、時々刻々と肉をえぐり続けます。

しかし、人生の妙味《みょうみ》とでも言いましょうか、こうした残酷な「仕打ち」にも一つだけ予期せぬ甘い果実がなります。それは、私は他人も同じ目で見ているわけですから、私を苦しめる奴も、だます奴も、貶《おとし》める奴も、嘲笑《ちょうしょう》する奴も、軽蔑する奴も、たぶらかす奴も、排《はい》斥《せき》する奴も……ひとり残らず、やはり自分の意志ではなく生まれさせられ、そしてまもなく死んでいく、という実感です。

みんな、あと少ししたら、この大宇宙の中にあとかたもなく呑《の》み込まれてしまうのです。そう思うと、だれもそんなに憎めなくなります。私を全身全霊で貶めようとしている人であればこそ(残念ながらいままでそういう輩《やから》に遭遇しなかったのですが)、その労力の全体がいじらしく、けなげにさえ感じられる。

『怒る技術』

行政改革や選挙法改革、大学改革や教育改革、医療改革や老人介護問題どれをとっても「明日あなたは死んでしまうかもしれない」こと以上に重要なことではありません。多くの人を救うエイズ新薬や人類が直面しているエネルギー危機、環境危機にしても同じこと。こうした研究にたずさわったり委員会に出席して膨大な時間を費やすことは、いかにも立派なように見えるからますます始末が悪い。ふたたび確認しますと、いかなる有益なことでも「あなた」が参加する理由はないのです。

現代日本で、とくに若者のあいだで「明るくしなければならない」重荷は、とても大きいように感じます。それに適応力のない者は疎外《そがい》されてゆく。自分は「おかしい」のではないか、と思いつめる。しかし、私に言わせれば、結局死で終わる悲惨《ひさん》で残酷な人生を生きる態度としては「暗い」ほうが自然です。「明るい」のは相当無理をしているか（つまり演技がうまいか）、救いようもなく鈍感だからでしょう。

『人生を〈半分〉降りる』

死んでしまうかぎり「幸福」はありえない

ぼくは少年のころからあまりにも不幸だったので、ごく自然に人生に何も期待しなくなった。小さいころ、そう七～八歳のころに「絶対的不幸」〔死〕を知ってしまったからだ。どうせ死んでしまうこと、広大な宇宙のただ中で。そして、何億年してもその何億倍しても、二度と生き返らないこと。しかも、生きているうちは理不尽だらけであること。そのうえ、あたかもこういうことを気にせずに元気であるかのように生きなければならないこと……ああ、このすべては少年のぼくにとってなんと過酷な課題であったことか！

この絶対的不幸〔死〕の枠組みの中で幸福を求める、いや求めるふりをする？ そんなことできるわけがないじゃないか。ぼくはそう叫んでいた。だが、誰もわかってくれなかった。みんなこの絶対的不幸を見ないふりをして、ひたすら幸福を求めるふりをしているのだった。ぼくにはそんな器用な芸当はできなかった。

カントは真理を第一に求めねばならないと言う。ぼくの解釈によれば、何をしても「どうせ死んでしまう」という絶対的不幸〔死〕の枠組みが真理である。この枠組みをけっしてごまかさずに生きるとき、ひとは幸福にはなりえない。このことをずっと直視して生きることと、それが哲学的に生きることなんだ。

ぼくは、広大な宇宙の中でひとり死ぬ。少し前に生まれてきて、そしてまもなく死ぬ。その後、いつまでもいつまでも死につづける。そして、人類は滅び、地球は膨張《ぼうちょう》する太陽に呑み込まれ、やがて宇宙は終焉《しゅうえん》する。ああ、大変なことだ！　一刻も早く、このことの意味を解き明かさねばならない。真理とはこのとおりなのだろうか？　あるいは、ここに一《いち》縷《る》の望みがあるのか？　それを知らねばならない。明日にでも死んでしまうかもしれない。そのあとでは遅いのだ。

その後の人生で繰り返し選択の場に立たされたとき、ぼくにはいつも同じ恐怖と同じ確信が襲ってきた。そうだ。きみならわかるだろう？　ぼくを正しく導いてくれたものがあるとしたら、まさにこの宇宙論的恐怖なんだよ。ぼくにとって真に憎いもの、それがぼくを救ってくれていたんだ。

ぼくは、いつもいつも絶対的不幸〔死〕を片時も忘れずに生きてきた。すると、人生の妙味と言えよう、ぼくは不幸にもならなくなったんだ。人々が不幸と呼んでいることはすべて、絶対的不幸に比べると蚊が刺したほどのことであるのだから。

死ねば何にもないだろうなあ。それは、どういうことなんだろう？　何もない、何もない、何もない……それがずっと何億年も続くのだ。背筋が寒くなる。全身凍りついたようになる。そして、ぼくは目前の不幸から「癒される」のだ。

『カイン』

生きる一条の意味

自分がたまたま生まれてきて、そしてまもなく死んでしまう意味を知りたいのだ。これほどの不条理の中にも、生きる一条の意味を探り当てたいのだ。充実して生きる道を探しているのだ。それが、何にも増していちばん重要なことなのだ。それは自分の(広い意味における)仕事を探していることにほかならない。

いわば、死という絶対的な限界を前にして、みずからの貧寒な人生の意味を問いつづけるとき――つまり、乏《とぼ》しい才能しか与えられず、たえず理不尽によって翻弄《ほんろう》され、他人からはまったく評価されず、むしろ徹底的に軽蔑されつづけて死に至ったという人でも、彼(女)がふと生まれてきて、生きて、そして死ぬということの単純な荘厳《そうごん》さは変わらない。

いや、彼(女)が世間的にはなんの価値ある仕事もなしとげなかったからこそ、そしてみずからそれを痛いほど知っているからこそ、その人がただ生きてきたことが光を放ってくる。彼(女)は、死ぬ際に「俺(私)はこれをなしとげた」と自他に語って満足することはない。彼(女)は何もなしとげなかった。だから、自分の人生を世間的な仕事と重ね合わすことなく、剥《む》き出しのまま受け止めることができるのだ。世間的な仕事において何もなしとげなかったからこそ、死ぬ間ぎわに「俺(私)の人生は何だったのか」と真剣に問いつづけることができるのだ。これは、生きてそして死ぬこと、この単純な不条理をごまかしなく見ることができる立場に置かれることであり、一つの恵みである。

彼(女)がみずからの人生を振り返って、なんの満足も覚えず、よってなんの執着も覚えないと心底確信して死ぬとしたら、それは救いである。

「生きてきた、そしてまもなく死ぬ」ということは、こうしたすべての仕事を圧倒的に超えた価値をもっており、あえて言えばこうしたすべてを無限に超えた仕事である。とすると、死にぎわに、この真実を覆《おお》い隠すことは不幸ではなかろうか？　逆に、人生の最期に、みずからの仕事にまったくすがらずに、剥き出しのまま死の不条理を味わい尽くすことは救いではなかろうか？

すべてを無限に超えた仕事

数十年前に偶然この地上に産み落とされた。そして、いま死んでゆくということ、その荘厳さはいかなる仕事からも独立である。こうした大枠を据《す》えて、ふたたび仕事とは何かを考えなおしてみよう。私たちはどのような仕事をすればいいのか、見なおしてみよう。すると、具体的な何かをすることではなく、生きることそのことを常に優位に置くこと、この順序を断じて転倒してはならないことがわかるのではないか？

こうした意味での価値の転回をなしとげた後は、いかなる仕事にたずさわろうと、たとえそれが世間的にはいかにつまらない仕事であろうと、いや、つまらない仕事であるからこそ、その仕事それ自体を完成させることではなく、その仕事を通じてみずからを完成させてゆくことが仕事であろう。この順序をけっして転倒してはならないであろう。

この変容された仕事において、もはやいままで述べてきたすべての条件は必要ではない。才能も、人間関係も、金も問題ではない。第一の目標は、仕事そのものではなく仕事を通じて生きることそのことに移ったのだから、いや単に生きることではなくよく生きることに移ったのだから。

「死の恐怖」と対峙する

どうせ死んでしまうとは、いったいどういうことなんだろう？　よく生きるとは、どうせ死んでしまうことの意味を問いつつ生きることさ。その虚《むな》しさや不条理から目を逸《そ》らすことなく、「それは何なのか」と問いつづけながら生きることとさ。私たちは生まれたときから、どうせ不条理にたたき込まれたのだ。その意味を問うことを、生きる最大の理由にすることだよ。

『働くことがイヤな人のための本』

しかも、私はまさにこの「死の恐怖」によって、生きる力を得ることができるというパラドクシカルな構造にも気づいたのである。いったん死の恐怖によって足腰が立たなくなるほど痛めつけられた者は、人生における他の苦しみなどなんともなくなる。だから、私が書きつづけるためには、すなわち真に生きつづけるためには、死の恐怖をいつも生々しく感じつづけなければならないのだ。

だが、こういう「苦悩」が大多数の人(とくに普通人)の同情を呼ばないことも知っている。人はみな死ぬのに、だからそれはとりたててお前だけの不幸ではないのに、それを大仰《おおぎょう》に掲げて、不幸だ不幸だとわめき散らすのはもううんざりだ。世の中には、難病と闘っていたり、子どもを殺されたり、祖国を失ったり……過酷な境遇に投げ込まれながら必死の思いで生きている人がいる。それに引きかえ、お前は、健康で職も家族もあり、すべてが与えられていて、ただ「死ぬのが怖い」と呟《つぶや》いているだけではないか。なんと反吐《へど》が出るほど贅沢《ぜいたく》な悩みであろうか……、というわけである。

こういう批判の石つぶては、もう数えきれないほど身に受けてきた。一方では、たしかにそうだと思う。だが他方、こうした批判は自分が死ぬことに脂汗が出るほど恐怖を覚えない人(たしかに多くいるらしい)の鈍感さを露呈しているだけである。

このルールだけは、いかなる共同体を形成してもどうなるものでもない。死は各自の死だからであり、各自は自分固有の死を死なねばならないからである。だが、この広大な世界にそのことを理解してくれる同類がいると思えば、そのことを腹の底まで弁《わきま》えて生きている同類がいると思えば、お互いに慰《なぐさ》め合わなくとも、言葉を掛け合わないことも、心は――ほんの少しではあるが――癒《いや》される。

『「人間嫌い」のルール』

「死」と「不幸」の関係

私は長い(普通の人にとってはどうでもいい)修行を重ねている。私はさまざまな機会をとらえて、自分が不幸のドン底に突き落とされることを覚悟するのである。いまでも不幸であるが、さらにさらに徹底的に不幸に向かって私の人生がこなごなに砕《くだ》け散ることを「期待する」のである。

死という絶対的不幸は私にとって必要なのである。もし、死ぬことをこんなに恐れていなかったとしたら、私は日々の相対的不幸に呑《の》み込まれ打ち砕かれていたにちがいない。

死は数々の相対的不幸を撃退《げきたい》してくれる。だが、完全に撃退してはならない。なぜなら、不幸がすっかり消滅し、幸福が息づきはじめるや否《いな》や、私はこの世に未練が残り、死ぬことが恐ろしくなるのだから。だから、相対的不幸に呑み込まれてはならないが、私はいつも不幸でなければならない。この絶妙なバランスを崩してはならないのである。

『不幸論』

孤独に死にたい

ごまかすのはやめなさい！　あなたはまもなく死んでしまうのだ。あなたをまもなく襲《おそ》う死をおいてほかにもっと大切な問題があるのだろうか？　あなたは死とともにまったく無になってしまうかもしれないのだ。そして、何億年たっても二度と生き返らないかもしれないのだ。もうじき終わってしまうこの人生が、あなたに与えられた唯一の生きる機会、考える機会、感じる機会なのかもしれないのだ。

もうじき死んでしまうあなたが、必死に日常的な問題にかかずらっていること、それはたぶん最も虚《むな》しい生き方である。死を目前に控《ひか》えて震えている死刑囚よりも虚しい生き方である。キルケゴールとともに言えば、日常に絶望していないことこそ絶望的なのだ。

孤独を磨きあげてゆくこと、それは「死」だけが見えるようにすることである。つまり、自分の不幸を徹底的に骨の髄《ずい》まで実感することなのである。このことがようやくわかってきた。こうした「純粋な不幸」を刻々と実感しながら生きること、それこそ私がめざした生き方であることがわかってきた。

私は死ぬまで死とは何か真剣に考えつづけるであろう。そして、いつか死ぬときには「たった独《ひと》りで私がこの広大な宇宙の中に生まれてきて、たった独りで私はこの広大な宇宙の中で死ぬのだ」ということを骨の髄まで自覚しながら死にたい。家族や友人や親しい人々から永遠に別離するのみならず、この地上のすべてから、宵《よい》の明星や太陽から、いやアンドロメダ大星雲やカニ座大星雲を輝かすこの宇宙全体から永遠に別離することを自覚して死にたいのだ。

もしあなたが孤独に死ぬことを恐ろしいと躊躇《ちゅうちょ》するなら、あなたはカイン〔『旧約聖書』に登場する兄弟。兄がカイン・弟がアベル。人類最初の殺人の加害者・被害者〕ではない。あなたには人々に囲まれてにぎやかに生き、人々に囲まれて安心して死ぬほうがふさわしい。じつは、あなたには孤独は似合わないかもしれないのだ。だが、あなたが心底孤独に死にたいのだったら、あなたは本物のカインであろう。あなたは孤独を選びとり、孤独を楽しみ、孤独を活用し、孤独を磨きあげ……そして孤独に死ぬよりほかはない。それこそ、あなたにとって「よく生きること」なのであるから。

『孤独について』

私の不幸論の舞台裏

私は確実に不幸であり、ますます不幸の坂をころげ落ちていくのであるが、人生の妙味と言おうか、こうした転落の過程で、たった一つだけかけがえのない宝が与えられた。それは、「死ぬことがあまり怖くなる」という宝である。あまりにもこの世が味気ないので、あまりにも無意味なので、死ぬことがあまり厭《いや》ではなくなる。

「死んでしまうかぎり」幸福はありえないと確信している私にとって、世のおびただしい幸福論はこのことを直視しない「まやかし」である。まやかしの中にも、すぐれたものもある。だが、それはまやかしの枠内ですぐれているにすぎない。

私が幸福教徒を受け入れたくないもう一つの(より大きい)理由は、どう逃れても人生は苦痛や理不尽や悲しみの連続であり、とりわけ最後は死という最大の不条理なのだから、そうした残酷な事実に対して神経を麻痺《まひ》させたくないからである。なるべく幸福なふりをして、つまりなるべく不幸を見ないようにして、人生を駆け抜けたくないからである。自分をごまかしたくないからである。

すべての人がまもなく死んでしまうという不条理は、私がまもなく死んでしまうという不条理にいささかも影響を及ぼさない。各人は他人の死にまったく侵入できず、各人はそれぞれの死を引き受けるしかない。ということは、各人は究極的にはその不幸をひとりで引き受けるしかないということである。他人とは、私の死を死ぬことができない者であり、私の不幸を私の不幸として引き受けることのできない者である。そのかぎり、私は他人に何も期待することはできない。私は私の不幸をひとりで引き受けるほかはない。

私は自分が死ぬかぎり、いかなるかたちでも幸福はないと思っている。それは、唯一の「絶対的不幸」である。「絶対」とは、いかなるほかの不幸より程度が高いという意味ではない。比較を絶して苦痛が大きいという意味ではない。「死」とはじつに私というあり方そのものが消滅するからである。

私は幸福を感ずることを恐れる。
なぜなら、私が幸福を感じたその瞬間に、死ぬことが恐ろしくなるからである。

生きているかぎり不幸であれば、私は死という絶対的不幸も比較的冷静に受け入れられるであろう。だから、私は死を受け入れやすくするために不幸にならなければならない。

私の不幸論の舞台裏は、こうした悲しいまでに貧しい思いである。だが、この図式に思いがけない別の威力があることに気づいた。ほかならない死という絶対的不幸が、その後の人生において私に襲いかかる数々の相対的不幸を蹴散《けち》らしてくれたのだ。

もしわれわれが真実を消し去りたくないのなら、真実を知って死ぬことを望むならば、そして死ぬことが受け入れやすくなることを望むならば、不幸を自覚しなければならない。幸福であるという錯覚《さっかく》に陥《おちい》ってはならない。

『不幸論』

2 自分の中の「悪」をよく見る

自分の中の「悪」をよく見る

本章から続く三章に共通のテーマですが、私は自己批判精神の欠如した人とは付き合うことができない。自分は法に触れる行為を犯していないし、他人を傷つけも苦しめてもいない、とわずかにでも感じている人とは一緒にいることができない。

言いかえれば、自分の中の「悪」を時々刻々とえぐり出し、そのあまりにも醜い姿をしげしげと眺めて、頭を抱えて思わず叫び出すほどの自己嫌悪を感じている人とは、ある程度うまく付き合っていけます。

そして、そういう人とそうでない人とは、すぐに見分けられる。

このテーマを第一章につなげますと、こんなに醜い自分もすぐに死ぬのであり、その後永遠に生き返らないとすれば、そして神がいないのだとすれば「この無意味さ、過酷さは何なのだろう？」と問いつづけ、頭がマヒしたようになるのです。

自他の心に住まう「悪」

道徳的人間とは、常に善い行為をする人間のことではない。自分の信念を貫くことが他人を不幸にするという構造のただ中で、信念をたやすく捨てることもできず、とはいえ自分の信念ゆえに、他人を不幸のうちに見捨てることもできずに、迷いつづけ、揺《ゆ》らぎつづける者のことである。

こうして、道徳的な人とは、じつは自己愛の淡白な「愛すべき人」よりむしろ自己愛に押しつぶされそうな自意識家であることが多い。彼(女)が必死の努力をして自己愛をふり捨てる努力を重ねつつ、それでも自己愛に追いつかれ、足元にまとわりつかれ、そして転倒する。こうした格闘のうちにこそ、道徳性は鮮やかに開示されるのである。

こうして、賢さと道徳的善さとのあいだには千里の距離が広がっている。というより、両者はまったく別の次元のものである。人は賢くなろうと努力すればするほど道徳的善さから遠ざかる。「賢くなろう」と欲することそのことのうちに、悪が潜《ひそ》む。賢さは、常にずる賢さである。

『悪について』

いかなる優れた理論も実践も、もしそれが自己批判精神の欠如したものであれば、無条件に自分を正しいとするものであれば、さしあたり顔を背《そむ》けていいであろう。

『差別感情の哲学』

人の価値は、「悪意」といかに対処するか

他人に親切を施《ほどこ》すとき、見逃してならないのはそこに潜むある種の優越感であり、他人から親切を受けるとき、見逃しえないのはそこに潜むある種の屈辱感である。こうした優越感と屈辱感を巧《たく》みにコントロールできないとき、親切を施す者も施される者も相手を激しく憎むことになろう。親切にはその底に「不平等」が厳然《げんぜん》と存し、それを自然に受け入れてはじめて、人は他人に親切にすること、他人から親切にされることを受け入れるのである。

『カントの人間学』

長々と原因探究の旅をしてきましたが、じつは「嫌い」の原因を探ることには絶大なプラスの効果があるからです。自分の勝手さ、自分の理不尽さ、自分の盲目さが見えるようになる。そのために、ひとを嫌うことをやめることはできませんが（そして、その必要もないのですが）、自己批判的に人生を見られるようになる。他人から嫌われても、冷静にその原因を考えれば、たいていの場合許すことができるようになる。こうして、ほんとうの意味で他人に寛大《かんだい》になれる。

他人を嫌うことと自分を嫌うこととは密接な関係があり、すべての自覚された他人嫌悪には自覚されないところで自己嫌悪がまといついているのです。これは逆についても言える。すなわち、自覚された自己嫌悪には自覚されないかたちで他人嫌悪がまといついている。そして、このことは当然なのです。他人が嫌いなのは、私との関係にある他人が嫌いだということであり、自分が嫌いなのは、他人との関係にある自分が嫌いだということです。

『ひとを〈嫌う〉ということ』

あらゆる悪意とその発露が根絶された理想社会を掲げて現代を嘆くのではなく、自他の心に住まう悪意と闘いつづけること、その暴走を許さずそれをしっかり制御すること、こうした努力のうちにこそ生きる価値を見つけるべきなのだ。人間の悪意を一律に抹殺することを目標にしてはならない。誤解を恐れずに言えば、悪意のうちにこそ人生の豊かさがある。それといかに対処するかがその人の価値を決めるのである。

『差別感情の哲学』

学者として芸術家として渾身《こんしん》の力をふりしぼって仕事に邁進《まいしん》し、次々に優れた成果を生み出している者は、隣人すなわち周りの同業者を軽蔑せざるをえない。怠惰《たいだ》な者、無能な者を一刀両断のもとに裁《さば》いてしまう、こうして、一流人はますます孤独に傲慢《ごうまん》に偏屈《へんくつ》に、つまり人間として下落していくのです。

『人生を〈半分〉降りる』

一般に高慢な人とはある人に対してのみ高慢な人であり、別の人に対しては追従者である。彼らは追従者の役割を演ずることに抵抗を感じない人であり、すなわち「自分自身が卑劣であることをすでに感じている人」なのである。あるいは、こう言ってもよい。高慢な人とは、俗世間の価値序列に敏感な人であり、自分を含めてそれに従うことを要求する人である。したがって、彼らは盲滅法《めくらめっぽう》に高慢であるわけではなく、自分が「より上」の価値に屈伏することを承認した人なのである。

『カントの人間学』

善人は無自覚に悪を犯す

自分の中の弱さをいとおしく思ってはならない。それを憎まねばならない。そして、それから脱しようとしなければならない。なぜ世の弱者は、自分の中の弱さを変えようとしないのだろうか？　変えようとしないばかりか、それを誇りさえするのであろうか？　思うに、弱者は――狡《ずる》く怠惰なことに――どこまでもラクとトクを求めるからであり、そのほうが自分の中の弱さを変えるよりずっとラクだということを知っているからである。

「善人は自分自身の本心に耳を傾けない」（ニーチェ『ツラトゥストラ』）。なぜか？　自分自身の本心に耳を傾けると、そこには他人を傷つけ自分も傷つくことになる不穏な言語がうごめいていて、身の安泰を脅《おびや》かされるからである。自分は弱いから、これらの首を絞《し》めて抹殺するしかない、そして安泰に生き抜くためには嘘をつくしかない。善人は、こうしてすべての人に対して反感を持たれないように細心の注意を払う。自分は弱いから、真実を語って身の危険を招き寄せる余裕はないのだ。自分は弱いから、自分を守るだけで精一杯なのである。こうした「論理」を高々と掲げながら、真実を足蹴《あしげ》にすることをものともせずに、その上に居直っているのが善人である。

彼〔善人〕は、社会の掟・習慣・礼儀に反しない限りで「誠実であろう」とする。ということは、その誠実とは、いつも与えられた社会の掟・習慣・礼儀の枠内にあるということだ。その外を垣間見るだに恐ろしく、その外に出る者を厳しく断罪し、迫害し、殺す、そういう「誠実さ」つまりちっとも本来の意味で誠実ではないのである。

弱者は、よく社会のルールを守る。なぜなら、彼らが生き抜くには、みずからの欲望を押し殺し、しぶしぶ社会のルールに従うしか術がないからである。だから、彼らは善人になるしかない。善人とは、与えられた社会的ルールに、何の疑いも持たずに従っていける者なのだから。

およそ地上のすべての卑劣なこと、醜悪なこと、凶暴的なことは「正義」の名のもとに行われてきた。いかに合理的であっても、理知的であっても、説得的であっても、愛情に満ちていても、自分を一方的に「正義」の側において、それ以外の者を非難し迫害する者は信用してはならない。

『善人ほど悪い奴はいない』

ジャーナリズムにおける悪

ジャーナリズムとは、どんなテーマでも商品として流通すれば、それで基本的によしとする世界です。内容ではなくその商品価値が重みをもってくる。ですから、こうした世界に長く住んでいますと、完全に感覚がおかしくなってくる。「死が怖い！」と叫んでも、「未来はない！」と爆弾を投じても、「日本中うるさくて死にそうだ！」と苦しみを訴《うった》えても、編集者はにこにこ顔で「おもしろいから、次もこのテーマでお願いします」というふうに受けとめる。

もちろん、作家も無垢《むく》ではない。出版社という営利組織とそうした共謀関係を結ぶことが、書物を「刊行する」ということです。こうした神経はどう考えてもまともではありません。といくら言っても、もはややめることができないほど、十分に強く、十分に鈍感で、十分に下品な人が、書きつづける(ことができる)のです。

困ったことに、こうした二流・三流学者たち(つまり学者のほとんど)は、欲求不満の暗い生活を続けていくうちに、若い同業者たちをも彼らの暗い地下室のような仕事場へと誘いこんでゆく。そして、来る日も来る日も学問の味気なさを徹底的に教える。子どもっぽい野心を抱いてはならないこと、夢を捨てること、つまり「諦《あきら》めきること」を徹底的に教えこむ。つまらないことに粉骨砕身《ふんこつさいしん》することの「おもしろさ」を教える。

とりわけ、全国の哲学の先生はニーチェを大学で「教える」ということのオカシサを考えてもらいたい。ニーチェ自身がいちばん嫌悪したことをにこにこ顔で遂行するその鈍感さを！　大学という権力機構の中に安住して、学生＝大衆に「毛をむしられてころがってい る」ようなニーチェを披露するその無礼さを、破廉恥《はれんち》さを！

ニーチェを「研究」してはいけないのです。それを彼が望まないことははっきりしている。ですから、百歩譲って「研究」するとしても、自分はニーチェの遺言にそむく反逆行為を犯していると自覚せねばならない。ニーチェの言葉をまったく無視していること、ニーチェの言葉を寸分も尊敬していないことを自覚せねばなりません。

『人生を〈半分〉降りる』

「怒り」という悪

われわれ人間は、高度な文化を維持しながら攻撃性を消去することはできないのである。怒りを根絶することはできないのだ。怒りはひとりの人間が人間として豊かに生きていくうえに、必要不可欠なもの、重要なものなのである。だからこそ、それを消去するのではなく、それをうまくコントロールする技術、怒るべきときに正確に怒る技術、他人の怒りに適切に対処する技術を学ばねばならない。

みんなが不自然なほど攻撃性を抑圧してきた結果、多くの人が他人からわずかな注意を受けただけでパニック状態に陥《おちい》る。怒りを学ぶ機会がなかったので、相手の怒りを正確に受けとる能力およびそれに対して正確に対応する能力が欠如してしまっているのだ。

「正しいこと」に怒ることは「不正なこと」に怒ることと同じほど自然である。ただし、われわれ人間は賢明であるから、生き延びるために「正しいことに怒ることは正しくない」というフィクションを作り出したのである。悪に向けられる怒りだけを認可することにしたのだ。だが、これはフィクションであって自然ではないから、たちまち崩れてしまう。

怒ることは、たとえ正しいことに対しても、自然である。しかも、その怒りを正しいと確信している相手に向けることも自然だ。だから、それをあらかじめ封じてはならない。正しいことに対しても、ひとは心の底から反抗したくなるのだ。正しいことだからこそ反抗したくなるのだ。なぎ倒し踏みつけたくなるのである。正しいことにもたれかかり、それに何の疑問も感ぜずに、たえず喧嘩《けんか》を回避し、怒りを抑えつけ、怒ってよい場合だけ一斉《いっせい》に悪人を攻撃するずるく鈍感な善人どもの鼻をあかしてやりたくなるのである。

他人に「わかってもらおう」などというノーテンキなことを安易に考えてはならない。ひとは他人の気持ちなどそうたやすくはわからないのだ。怒りを語りつづけるのは、相手にわかってもらうためではない。そんなことを期待してはならない。そうではなく、自分を鍛《きた》えるためなのだよ。何十時間、何百時間もそうして怒りを表現しつづけるとき、たぶんきみは自分の怒りを整理することができ、自分の怒りを正確に秩序づけることができ、そしていつか怒りはおさまることだろう。

相手を苦しめることが目的ではないが、相手が苦しんでもいっこうにかまわない。苦しんで苦しんで、自殺してでも場合によってはかまわない。そのくらいの覚悟がなければ、怒りの習得などできるものではない。しかし、このことは自分にも返ってくる。他人のきみに対する怒りを、いつまでもいつまでも聞きつづける訓練をおろそかにしてはならない。他人の怒りを絶対切り捨ててはならない。

『カイン』

嫌うこと・嫌われることは「自然」である

ひとを嫌うことは——食欲や性欲あるいはエゴイズムと同様——ごく自然であり、それをうまく運用してゆくことのうちに、人生の豊かさがあるのではないか。つまり、はじめから廃棄処分して蓋《ふた》をしてしまうのではなく、「嫌い」を正確に見届けてゆくことは、「好き」と同様やはり豊かな人生を築く一環なのではないか。「嫌い」という感情は自然なものであること、そして恐ろしく理不尽なものであること、しかもこの理不尽さこそが人生であり、それをごまかしてはならない。

かなりの人々に対して、われわれは「嫌い」という感情を抱いてしまう。そして、かなりの人々から「嫌い」という感情を抱かれてしまう。それは、われわれの運命なのです。とすれば、われわれは自他のうちに「嫌い」を確認したら、いたずらに恐怖心を募《つの》らせたり、無理やり抑圧することはやめて、冷静沈着に正視し、その凶暴性を適当にコントロールし、それを自分の人生を豊かにする素材として活用すべきでしょう。

私の経験によりますと、こうした「嫌うこと＝嫌われること」ないし「憎むこと＝憎まれること」を自然に自分のうちに容認する訓練を怠《おこた》ってきた人々が、大人になっても大層窮屈《きゅうくつ》かつ欺瞞《ぎまん》的な人間関係を築きあげ、それによって自分を苦しめかつ他人も苦しめるという暴力を振るうことになります。

誰も誰をも嫌っていないということは社会が円滑に進むためのフィクションであって、全然「自然」じゃない。

『ひとを〈嫌う〉ということ』

嫌う技術

嫌いな人とどう付き合うべきかは大きな問題です。まずは常識から。ありとあらゆる言い訳を連ねて、その人に会わないように全身全霊これ努め、じわじわと当人にそれとなくわかってもらう方法。私は意図的にこの安全な方法を採らないようにしています。その生殺しのような残酷さ、しかもこれしかないという自己正当化のずるさに麻痺《まひ》してしまいたくないからです。相手を傷つけたくないからという素振りをしながら、じつは自分が傷つきたくないからであることは明瞭であり、しかも追及されたらいつでも「私がXを嫌っているなんてとんでもない」と言えるのですから。その計算高さ、自己防衛のずるさに耐えがたい。

〔他人とは〕軽くあっさりと嫌い合ってゆけばいいのです。対立し合っていけばいいのです。とはいえ、その技術は意外に高度かもしれない。なぜなら、われわれは嫌いをゼロに薄めてゆく努力をするか、あるいはそれを無限大に増幅する方向に進むかのどちらかになりやすいから。嫌いにならないように必死の努力をするか、大嫌いにもってゆく努力をしがちだからです。そうではなく、安全なかぎりでの低空飛行で(だから技術を要するのです)、お互いに嫌いであることを冷静に確認し合えばそれでいい。それが、どうしようもないことを認識し合えばそれでいい。

「ほのかな愛」があるなら「ほのかな憎しみ」もあっていいでしょう。お互いに相手を「ほのかに」嫌いつづければいいのです。

諸個人のどうしようもない差異を徹底的に認めてそこからスタートし、そのただ中にごまかすことなく自分を置く。ここには、個人間の微妙な差異を均一化しようとする衝動がありませんから、たえず自分と他人との距離を測りつづけることになる。そうすると、どんなに気の合った他人でも何らかの点でかならず厭《いや》なことが出てくる。それをそのまま記録する。ほとんどの人にとっては大層くたびれる生活ですが、（私のような）一風変わった者にとっては、かえって清潔で生きやすい空間です。

普通の人は不快をなるべく避けようとしますが、こういう〔私のような一風変わった〕人は微妙な不快をもごまかさずに体験し尽くそうとする。普通の人は悲しみをなるべく逃れようとしますが、こういう人は悲しみをも味わい尽くそうとする。これもまた、豊かな人生と言えるのではないでしょうか。

「嫌い」の力学を活用する

「嫌い」とは本来倫理的には称賛されない感情であり、不快ですから、その原因を自分のうちに求めるのではなく相手のうちに求めようとするのです。

あからさまに屈辱を受けなくとも、どうにか保持している自己幻想を容赦《ようしゃ》なく切り崩す相手を嫌うというものがある。これは、どこにでも見られる構図。ここには、自信のなさと恐れという共通心理が潜《ひそ》んでいる。

「嫌い」の力学を人生の豊かさと割り切って、その渦中《かちゅう》に生きるしかない。それが成熟した大人の生き方です。そして、その渦中においてもけっして自己自身を批判する目を濁《にご》らせないとき、それは道徳的な生き方ですらあります。

ある人が生理的に嫌いであればあるほど、さしあたり努力してその原因をつきとめることです。その底には一般的に言って怖れや自己防衛があるのですから、難しいかもしれないけれど、努力してみる。すると、「嫌い」は減じないかもしれないけれど、原因がわかった分だけ楽になります。

嫌うことをやめるのではなく、嫌われていることに眼を覆《おお》い耳をふさぐのではなく、あくまでも繊細にその原因を追及し、わからなければ「生理的嫌悪感」という行き止まりで納得する。こうした態度にもとづいた人生は、不幸かもしれないけれど、真実を恐れつづけて幸福に浸《ひた》っている人生よりずっと充実しているように思われる。強く豊かな人生であるように思われるのですが、いかがでしょうか。

「じつは嫌いなのだが無理に嫌いでないふうを装《よそお》う」という大原則をいったん捨てて世の中を見渡しますと、そこに大層おもしろい領域が広がっていることに気がついた。それは、突き放して見てみると、人間の魅力が輝き出ている場面であり、人生を豊かにする場面です。小説や芝居やオペラ、歌舞伎やお能や映画から「嫌い」を除去したら、似たりよったりのなんという退屈な作品しか生まれないことか！

他人を私は支配できず、他人から支配されることも拒否するかぎり、つまり互いの差異をごまかさないかぎり、みずからの人生にさまざまな「嫌い」を取り込むしかないのです。こうして、他人から嫌われてもいいと覚悟し他人の「嫌い」に対して開放的態度をとっておりますと、つまりそれをよく味わおうとしておりますと、さまざまな人からのさまざまな濃淡のさまざまな色合いの「嫌い」の風をひしひしと感ずることができる。それは、自分を反省させてくれ、警告を与えてくれ、まことに有益です。私はときどき考えます。このすべてがなかったら私は相当アホになってしまったことであろう、と。そして、心底——少なくともしばらく経ってから——私を嫌った他人たちに感謝するのです。

「嫌い」を徹底的に掃除した高い精神的(宗教的)境地に生きている人も少なからずいます。それは、それでいいのです。しかし、私の言いたいことは、そうした高みだけが人生の目標ではない、ということ。そうできないからといって、人間失格ではないということ。「嫌い」に引きずり回される人生も、それなりに豊かな、場合によってはよい生き方ですらあるということです。

『ひとを〈嫌う〉ということ』

3 自分の「欠点」を活かす

自分の「欠点」を活かす

自分が欠点だらけであり（すなわち、死ぬことに異様に怯え、明るいことが一切嫌いであり）、少年らしい「よさ」が決定的に欠けていて、それでも死ぬのが恐ろしいから自殺することもできないとすれば、しかも、その欠点をもはや改善することができないとすれば、せめてとことん自分の欠点と付き合う生き方、その欠点を見逃してくれる職業、あえて言えば、その欠点を活かす生活しかできない、そう中学生の私は考えていました。

そして、その後、大学に入って哲学をしようと思い立ったのですが、とはいえその道のりは予想をはるかに超えた困難なものでした。

適性のヒント

その場合、自分が何に躓《つまず》くかをよく見ることが必要であろう。みんなが造作《ぞうさ》なくできることに自分ひとり躓くことがある。そして、そこに自分の適性へのヒントを読みとることを私は学んだ。私がどうしても給食の肉を食べられないことのうちに適性のヒントはある。私が(今なお)ボールが転がってくると恐怖に襲《おそ》われることのうちに適性のヒントはある。つまり、私の不適性のうちにこそ小便をこらえ続けたことのうちに適性のヒントはある。私の適性のヒントはあるのだ。

『孤独について』

生きることは苦しいに決まっているのですから、もしわれわれが「人生とは何か?」を真剣に問うなら、自分の苦しかった体験を思い出し、それを牛のように何度も反芻《はんすう》して「味わう」ほかない。厭《いや》なことは細大漏らさず憶えておいて、それをありとあらゆる角度から点検、吟味《ぎんみ》する。すると、その後の人生において降りかかる数々の苦しみにも比較的容易に耐えられるというわけです。

『私の嫌いな10の人びと』

たしかに、いまよりもっと苦しい未来がきみを待ちかまえているのかもしれない。だが、そうであったとしても、苦しみつづけることによって、きみは何かをたえまなく学んでいるのだ。ひとは生きていくうちにたくさんのことを学ぶのだよ。たとえ布団の中にもぐり込んでいても学ぶのだ。そして、生きているかぎり、きみが「変わる」可能性はいつでもある。とくに、外的な事件など必要ないのかもしれない。きみは苦しみつづけることそのことによって、変わるかもしれないのだ。そう信じることにしよう。

『カイン』

じつは孤独を楽しみそれを活用するための絶対必要条件は次の二つだけである。第一の条件は、あなたが他人とうまくやっていけないこと。他人の一人一人が嫌いなのではないが、他人と一緒にいても自由に心を開くことができず、楽しくない。そして、とにかくくたびれる。すぐに、独りになりたいと思ってしまう。そして第二の条件は、あなたが真に不幸であること(あったこと)。しかも、その不幸は社会を改良すればあるいは環境を変えれば解消してしまうようなたぐいの不幸ではなく、あなたのうちに深く巣《す》くっているような不幸であること。あえて言い切ってしまえば、「自分が嫌い」であるという不幸であること。

『孤独について』

欠点を「伸ばす」

私は全国からさまざまなお便りをいただきますが、とくに「ささいな」ことで悩んでいる若い人からのものが多い。私は確信しますが、いかにささいなことであっても、その人が真剣に悩んでいるのなら、それは立派な悩みです、その中のあるものは、普通の意味で解決ができないかもしれない。例えば、身長一六〇センチメートルしかない若者があと一〇センチメートル背が高かったら、と悶々《もんもん》としている、これも立派な悩みです。あるいは、ある少女が脚が太くて夜も寝られないくらい悩んでいる。これもまともな悩み。その人の悩みはかけがえのない固有の悩みなのです。五〇年以上生きてきた私が全経験から言えることはただ一つ。その固有の悩みをごまかさないでどこまでも「追究」しなさい、ということだけ。

『怒る技術』

私はいかなる(いわゆる)ささいな悩みであれ、本人がそれを悩むかぎりは、彼(女)にとって悩む理由はあると思っております。いやむしろ、(いわゆる)ささいな悩みであればあるほど、誰もそれを真剣に取り扱ってくれないゆえに、本人の内部でいつまでもくすぶり続けるのです。では、どうしたらよいか。ある欠点に悩む人はその欠点を消去ないし改善するのではなく、それを——変な言い方ですが——「伸ばす」ことです。

さて、何ごとにも自信がないと私に訴《うった》えにくる学生は、みながみな、謙虚で、感受性豊かで、柔軟な思考力をもち、自己批判力があり、不思議なほど人間的に魅力があります。そして、私のいいかげんな言葉や態度をかぎ分ける能力を具《そな》えている。欠点を見すえることは人間を鍛えてくれるのだなあ、と実感します。欠点こそかけがえのない「その人」をつくっている。欠点の反対側に長所があるのではなく、欠点とはそのまま長所になりうるものです。そして、こうした意味で欠点を欠点だと知っていること、欠点に悩むことはすばらしいことなのです。

こうした人々は、「いかに生きるか」ではなく「生きることそのこととは何か」という問いが見えやすいところにいる。ですから、ごまかさず徹底的に自信をなくせばよいのです。なぜ自信がないのか、自信があるとはどういうことなのか、一年でも二年でも十年でも納得するまで探究すればよいのです。そうしますと、人生において——いかに価値あることでも——何をなすべきかということではなく「生きる」ことそのことの絶対的な重みとすごさが、そして芸術でも宗教でも哲学でも本来はそうしたところに引っかかっていることが、たぶんじわじわと見えてくる。そう思います。

『哲学の教科書』

「弱い人」に言いたいこと

ぼくは何一つウソを書いていないのだが、地上に降り注ぐ隕石《いんせき》のように次から次に襲《おそ》ってきた不幸によって、結果としてはなはだ「強くなった」ことは確かである。ぼくがいま強いとすれば、それはこうした隕石(不幸)のたまものである。ぼくは不幸によって強くなったのだ。生きていくために強くならざるをえなかったのだ。

ぼくは過剰な不幸に(もちろんこれは主観的なものだが)過剰に防衛してしまった結果、過剰に強くなってしまったのである。ちょっと注意すれば、ぼくの何気ないしぐさや語り口のうちに「努力のなまなましい跡」が見てとれるはずである。

自分が「弱い」ことに悩む多くの若い人々にぜひ言っておきたい。弱いことに悩んでいる方々は、たとえぼくのように血の滲《にじ》むような努力を重ねて自己改造して強くなったとしても、そこにバラ色の人生が待っているわけではないということだ。ぼくは自分が弱いころが懐かしい。いまよりもはるかに愛すべき人間であったように思われる。ぼくは強くなったことによって、数多くの「よいもの」を失ってしまったような気がする。

人生において自分の欲するものを獲得するためには、たとえそれが正当なものであっても、膨大な犠牲を必要とするのだ。それも、ぼくが過酷な人生から痛いほど学んだことである。

ぼくが「弱い人」に言いたいこと、それはきみが強くなりたいのだったら、強くなる修行をしなければならない、ということだ。だが、それには多大な犠牲が伴う。ぼくはあまりにも不幸であったから、しらずしらずに自分が生き抜くためにその技術を身につけていったが、きみは犠牲の大きさに悲鳴をあげるかもしれない。その場合、きみは強くなることをあきらめるべきである。そして弱いままに生きる道を探るべきである。

無理をして自分を快活にすることはない。急に社交的になる必要もない。そんな演技はたちまち崩れてしまい、きみは自己嫌悪でもっと死にたくなるかもしれないからね。ただ、自分のやさしさと心の中でそっと決別しよう。そして生きることを自分に誓《ちか》おう。それだけでいい。

きみは自分の中のカインを殺してはならない。そうではなく、善良な市民によって育まれた自分の中の「いい子」を殺さなければならない。そうすることによって、きみは本当のカインにならなければならない。世間の善良な市民達に怯《おび》えることなく、彼らにへつらうことなく、しかも彼らからは完全に独立し、彼らを助けてもあげられる、つまり自分のままで彼らと共生していける、たくましい男にならなければならない。それが、正真正銘のカインなんだよ。

健全に闘争しよう

自分の中に潜む健全な闘争本能を呼び起こそう。場合によっては他人を傷つけてでも、自分を自分の大切なものを守るという動物としての本能をだ。それを圧殺してはならない。それを健全なかたちで育成しよう。そして、そうした闘争の中から、具体的にさまざまなルールを学んでいこう。

他人との真摯《しんし》な闘争を避けては、きみ固有の生命の輝きは生まれない。きみ固有の「生きる力」は生まれない。きみは生きなければならない。とすると、闘争しなければならないんだよ。

美しく生きることを断念することにも、それなりの「かたち」がある。ぼくは最近それを探り当てた。それは、自分のかつての美しさ(外形ではない)を大切にして生きるということさ。若いころ美しく生きることを必死に求めたことは、一つの財産だ。それは、中年以降美しく生きられないことに全身で絶望することを通じて、自分の思い出として大切に保管しておける。それが生きる力にもなる。

まず確認しておこう。きみはすでに恐ろしいほど自己中心的だ。きみは自然にしていると、いたるところで他人と対立してしまうことを知っている。だが、きみは他人と対立することが怖い。だから、自分を押し殺してまでも他人に合わせようとする。自分が傷つかないように。しかし、それは誠実ではない。ただの自己防御であり、ずるい功利的な演技だ。つまり、自己中心的なんだ。それを知っているから、きみはそうすることでさらに悩むのだ。表層の演技がうまくいっても悩む。うまくいかなくて相手に見透かされても悩む。こうして、いかに演技しても苦しいとなると、きみは自然に他人を避けるようになるんだ。

きみは、自分の汚さに耐えられない。それは、純粋なように見えて、じつはずるく卑劣な論理である。自分の汚さに耐えられないもうひとりの自分は清潔であるという幻想を保持して、自分自身に対してたえず免罪符を発行しているのだから。ここに留まっていては、きみは動けなくなるよ。他人との対立を避けては通れない。自分も他人も傷つけずに済ますことはできない。「純粋」を大切に懐《ふところ》にしまって、それを傷つけないように逃げまどっているうちに、結局は自分を破滅させることになる。こうした「弱い自己中心主義」を「強い自己中心主義」へと転換すること、それがいまきみに求められていることだ。

まずはきみの感受性の芯《しん》を探り当てよう。それは必ずある。きみはいつも不安で不安でしかたないと語っていた。あらゆる物に名前がついていることが不思議でたまらない、しかもそれがけっして安定して見えず剥《は》がれてしまいそうで不気味だと語っていた。ぼくにはその気持ちが僅《わず》かにしかわからない。それをつきつめることだ。そこにきみの芯は潜んでいる。そしてそれを表現することがきみにとって絶対に必要か、もしそれを表現しなければきみは生きていけないかどうか、真剣に自分に問うてみる。その芯はきみを苦しめつづけるものだ。だからこそ、きみの宝なんだ。だからきみはその芯を根絶して健康になってはならない。

『カイン』

私は自分ほど不器用な者はいないと思っている。そして、その不器用さを利用することにかけては、これほど器用な者もいないと思っているんだ。これは、五〇歳になってやっと言えることだけれどね。

「生きる」という仕事は、ありとあらゆる仕事より格段に価値がある。ただ、すべての人が生きているから、この楽しく・苦しく・充実していて・虚《むな》しい仕事も評価されないのだね。

『働くことがイヤな人のための本』

自分の「城」に完全にこもらない

自己嫌悪とは（どんなかたちにせよ）他人から嫌われることを恐れるあまり、みずからに「嫌い」を向けて身を保っている形態ですから、それを溶解させるには他人の生身の「嫌い」を自分のうちにあらためて豊かに取り込むしかない。それには他人を嫌う修行を、そして他人から嫌われる修行をしなければならない。他人を正確に嫌い、自分が他人に嫌われることを正確に受け止める修行をするしかないのです。

「人間嫌い」も、やはり自己嫌悪が底を煮えたぎっており、自己嫌悪の一変種だとさえ言えます。つまり、人間嫌いの素朴形態は自己嫌悪という自覚が限りなくゼロに近い自己嫌悪です。彼は、まず直感的に自分を嫌ってはならないと信じており、それは公理となっている。この直観は自分を嫌うと自分が崩れてしまうことをどこかで察知しているがゆえです。この自己防衛（つまり自己欺瞞《ぎまん》）を軸《じく》に、他人との欺瞞的関係構造は回転してゆく。こうして、自分が接する世の中のすべての他人が嫌いになるわけです。その底に、自分は違うという鈍感な思いあがりがある。矛先を自分に向けないずるさがあります。

もっと高度のすなわちひねた人間嫌いもあります。それは、自己嫌悪という自覚が限りなくゼロに近いどころか、限りなく濃厚なのです。この特殊形態の人間嫌いは、すでに他人との比較をやめてしまっている。誰もとりたてて羨《うらや》ましくない。ああなりたいと思うことはまったくない。自分はたしかに嫌いなのだが、もはや変えたいとは思わない。これでいいとはさらさら思わないが、自分はこの与えられた皮膚のうちで生きるしかないと居直っているのです。

老婆心ながら付言しますと、こうした〔他人を完全に排除した孤独の〕城の中に住んでおりますと、本人も気づかないうちに、肉体的にも精神的にもやせ細ってきて、抵抗力がなくなり、干《ひ》からびてくる。そのまま仙人のように死ねばいいのですが、どうも凡人にとっては少し無理があり、あまりお勧めできません。私は、こうした城を築いた人に、あえてもう一度娑婆《しゃば》に、ただし「半分だけ」、引き戻してはどうかと提案したい。こうした城を改築して、適当に敵がなだれ込み戦闘状態を繰り返すような安手の城に生きるほうが、凡人にとっては張りのある豊かな人生だと思うのです。

自己嫌悪には、本人が自覚されていないかたちで「自己愛」がぴったり張りついていることに注目しなければなりません。もちろん、誰の中にも自己愛はありますが、その場合は自己愛が自然に流れ出て他人を愛することにつながる。他者への愛と均衡《きんこう》を保っている。これは健全です。しかし、こうした〔自己嫌悪の裏に張りついた〕自己愛とは他人を恐れて愛することができない人が、反射的に地上で唯一安全な自分を愛するという痛々しい構造なのです。ですから、はじめからそういう自分に満足していないという感情がある。

自己嫌悪に固まった人とは、じつは不健全な仕方で自己愛に固まった人でもある。言いかえれば、彼(女)は自分は傷つきたくないという願望が肥大しているのです。

私はどんなことがあっても負けることがない。なぜなら、「負け」をも「勝ち」という意味に変換してしまう装置が、私の体内にあるのだから。こうして、私は一見他人と交流しているように見えるかもしれないが、自分の中の他人、つまり自分に都合のよいように殺菌し加工した他人、つまり自分自身と交流しているだけなのです。(これが過剰な自己防衛から育った陰鬱《いんうつ》な自己愛にほかならない)。そして、これはいかにも貧しいから、ゆっくりと無理なく「半分」だけ意図的に崩そうというのが最近の私の狙いなのです。

「立派な社会人」は唯一正しい生き方ではない

このがちがちに凍りついた(人間嫌いも含む)自己嫌悪という名の荒涼《こうりょう》とした世界を崩すことは大変です。これも「嫌い」の一つ、暴力的に押しつぶすとかえってよからぬ結果が生じる。そこで、自己嫌悪はそれを無理に消し去ろうとせずに、それをよりよい方向に、すなわちより豊かな人生が展開する方向に、各自大切に育ててゆけばいいのです。

自己嫌悪には、いくら振り払っても振り払っても強力な自己防衛にもとづく不健康な自己愛がすり寄ってきます。でも、それでいいではありませんか。よくはないけれど、ある程度諦《あきら》める必要もある。すべての人が、うまく平衡感覚をもって他人との関係に入れる、そんな立派な社会人になる必要はありません。そうできる人は勇《いさ》んですればいいのですが、そうしたくてもできない人は別の道を歩めばいい。つまり、社会的な成熟を諦めて、自己嫌悪に塗《まみ》れた、しかし充実した人生を送ればいいのです。

社会的に成熟して他人とうまくつき合うことは大層しんどいのに、それこそ唯一の正しい生き方であると洗脳されつづけますと、ますます自分を追い込んで不幸になる。そうではない生き方、しかも豊かな生き方があると思い込めたら、なんと救われることか。なぜなら、内心の声に耳を傾ければ傾けるほど、何度考えてもこういう(私のような)人は平衡感覚をもった成熟した立派な大人にはなりたくないからです。こういう人は、ある歳まで自殺せず精神的に崩壊せずに生き抜いてきたら、それだけで勝利なのですから、その後の人生を自分に居心地のよいように巣作りすることに勤《いそ》しめばいい。それは、具体的には適度に他人を取り入れた孤独を保つように努力することです。

他人はすべて煩《わずら》わしい。その通り。しかし、他人を完全に切り捨てるのは、みずからの豊かな孤独を保つためにも、じつは大層危険なことです。なぜなら、他人を完全に締め出してしまうと、人生全体が委縮《いしゅく》してしまい、感受性が麻痺《まひ》してしまい、老化してしまい、痴呆《ちほう》化してしまい、それはそれは貧しい悲痛な孤独に陥るからです。ですから、慎重に半分だけ切り捨てること。これこそ、「嫌い」を生活の中にごまかさずに取り入れることであり、他人との対立を一般に避け通すのではなく、半分だけ他人との真剣な対立の場面をつくることです。

『ひとを〈嫌う〉ということ』

「人間嫌い」という響きには、「生きにくさ」が混入している。世の中に対する、つまり他人に対する、そして多くの場合、自分自身に対する不満や嫌悪が共鳴し合いぎしぎし不協和音を発している。

人間嫌いのあなたへ。努力すれば、あなた自身を寸分も変えることなく、豊かな人間のネットワークを作ることができます。そうしないのは、あなたが怠惰だからです。人間嫌いでないあなたへ。人間嫌いを「治そう」とか「理解しよう」とするような不遜《ふそん》な考えは捨てましょう。あなたは、ただ人間嫌いを無視し、軽蔑し、しかも迫害しなければ、それでいいのです。

『「人間嫌い」のルール』

自分固有の「生きにくさ」を確認する

私が本書〔『孤独について』〕で語りたいことは、他人はけっしてあなたの孤独を解消してくれないこと、一時あなたの孤独を巧妙に隠蔽《いんぺい》するのを手伝ってくれるかもしれないが、あなたの孤独自体を根絶してはくれないことである。このことを心底から自覚するとき、人は孤独から逃れるのではなく、孤独を選ぶようになる。孤独を嘆くのではなく、孤独を楽しむようになる……。と、こう書けば簡単であるが、じつは孤独になる技術を学ぶのはなかなか難しいのである。

だが、私に切実な手紙をよこすのは（たぶん）こうした極限的孤独に陥っている人ではない。うめき声とともに自己表現技術を獲得した人でもない。彼らには親も兄弟もあり、そこそこの友人なりそこそこの恋人なりいるのだろう。だが、孤独なのだ。彼らにはそこそこの仕事も与えられているのだろう。だが、孤独なのだ。つまり、すべてがぼんやりとしており、自分が何をしてよいのか、何をしたいのかわからない。あるいは、わかっているとしても、それができない。

私の人間恐怖症は、思春期に入ってますます病状が進んだ。朝登校途中に、クラスメイトや先生に会っても、自然に「おはよう!」と言えない。「おはよう!」と言わねばならないことを知れば知るほど、身構えて喉《のど》が詰《つ》まってしまう。そして、休み時間や放課後など「自然な状態」が恐ろしい。そのうちとけた空気が私を拒絶する。授業中、テスト中、集会中は気楽である。しかし、先生が教室を去り、みんなくつろいだ表情になりふざけ始めると、その「自然な空気」の中で私は顔を強張《こわば》らせ、何をしていいかわからなくなるのだ。

だが、人間恐怖症といっても、私はひどく自己顕示《けんじ》欲が強く、舞台の上では何でもできてしまう。生徒会副会長を務め、クラス委員を務め、文化祭ではピアノを独奏し、英語劇の主役(リンカーン)を演じ……しかし、誰とも自由に打ち解けて話すことができないのだった。

〔ボードレール「仇敵《きゅうてき》」〕

わが青春は陰惨《いんさん》な暴風雨《あらし》であったが、ここかしこ、稀《まれ》にはきらめく太陽の光も洩《も》れた。

ボードレールの詩にあるように、私の青春(少年〜中年前期)はたしかに「ここかしこ、稀にはきらめく太陽の光も洩れた」が、まさしく一貫して「陰惨な暴風雨」であった。だからこそ、私にはその暴風雨が吹き飛ばし落下させた膨大な宝が与えられた。私は私の手中に与えられた宝の豊かさに眼が眩《くら》みそうになる。いま五〇歳を越えて、そのとき獲得した宝以外もう何もいらないと思う。この宝を何度も反芻《はんすう》するだけで、孤独で豊かな余生を送ることができるように思うのである。

こう決断した私は、自分が「ナルシス」であると思う。だが、ナルシスにはプラスのナルシスとマイナスのナルシスがいる。そして、私はマイナスのナルシスである。自分のことだけしか基本的に興味がない。関心が他人や世界に向かってゆかない。それは、水に映るわが身にうっとりしているからではなく、水に映る自分の姿を見て猛烈な嫌悪を感じているからだ。自分がなぜこれほどまでに問題児なのか、なぜこれほどまでに生きるのが下手なのか、それにこだわり続けるからだ。そして、それを後悔してもしかたないと悟るとき、こうした自分を受け入れるほかないと悟るとき、ある人はマイナスのナルシスになる。

「自虐」とか「マゾヒズム」という空疎《くうそ》な言葉は慎《つつし》もう。マイナスのナルシスとは自分が嫌いであるがゆえに好きであるという構造がくっきり浮かびあがった人のことである。彼(女)は、自分の生きにくさの原因を探ろうと渾身《こんしん》の力をふり絞《しぼ》る。幸福になるためではない。不幸から抜け出るためでもない。そんなことは、自分が自分であるかぎりありえないことなのだから。そうではないのだ。不幸を確認するためなのだ。自分の醜さを水面に映して隅々《すみずみ》まで点検し認識するためなのだ。なぜか？　それが「私」だからだ。

自分自身でありたいのなら

私の不適性のうちにこそ私の適性のヒントはあるのだ。あなたが、思い出すのも鳥肌が立つほどのつらい体験があるとしたら、自分の最大の欠点を自覚しているとしたら、目をそむけたくなるほどの嫌な自分の一面を知っているとしたら、それから目を逸《そ》らさず、それらをとことん観察しなさい。そして、それらを大切に育てなさい。そこにかならず、固有の自分のものへのヒントが見えてくるはずである。あるいは、どんなに努力しても効果のないときにこそ、私はそこにヒントを読みとる。他人から軽蔑され嘲笑《ちょうしょう》されたときにこそ、私はそこにヒントを読みとる。

『孤独について』

芥川龍之介の『鼻』は不幸にまつわる心理を鮮やかに示しているが、垂《た》れ下がった鼻の和尚(内供《ないぐ》)は、もとの鼻に戻ってあらためて幸福を感じたと結論づけるのなら、その解釈は皮相であろう。そうではなく、垂れ下がった鼻が自分に不幸をもたらすとしても、その鼻をもつことしか自分自身でありえないことを彼は自覚したのである。内供は、自分の「かたち」を変えて幸福になる(ふりをする)よりも、不幸であって自分自身であることのほうを選んだのである。

すべての人には傲慢にならないよう一つの「棘《とげ》」が与えられている気がする。それは『鼻』がよく示しているように、当人が(場合によっては他人も)最も醜悪と感ずる部分である。自分から切り離したい、それさえなければ幸福が実現するのにと思うまさにその部分である。それはさまざまであろう。しかし、それがその人の「かたち」をつくり、その人の不幸を磨きあげる。だから、その固有の不幸を大切にしなければならない。

幸福になろうとすること、それは自分自身を選ぶことを断念することである。
自分自身を選ぶこと、それは自分自身の不幸の「かたち」を選ぶことである。

自分自身とは何か、それがどこかにころがっているわけではない。「そのままのあなたでいいの」という甘いささやきが表すような安易なものでもない。それは、各人が生涯をかけて見いだすものだ。しかも、それはあなたの過去の体験のうちからしか、とりわけあなたが「現におこなったこと」のうちからしか姿を現さない。とくに、思い出すだけでも脂汗が出るようなこと、こころの歴史から消してしまいたいようなこと、それらを正面から見すえるのでないかぎり、現出しない。(パウロの棘《とげ》のように)あなたを突き刺すあなた固有の真実を覆い隠すのでないかぎり、見えてこない。幸福は、こういうことをすべて考えないようにすることによって成立している。だから、あなたは自分自身を手に入れようとするなら、幸福を追求してはならない。あなた固有の不幸を生きつづけなければならない。

『不幸論』

4 自分の「願望」に忠実になる

自分の「願望」に忠実になる

本章のテーマは前章のテーマを言いかえただけのものです。

少年時代の私は、何しろ生きるのがつらく、中学校のころの日記に「幸せなのは眠っているときだけだ」と書いてある。といって、親から虐待《ぎゃくたい》されていたわけでもなく、激しくいじめられたわけでもない。ただ、「どうせ死ぬのだとすれば生きることはむなしいなあ、なんで、のほほんとみんな生きているんだろう?」と日々思っていました。当時「将来、何になりたいの?」と聞かれても、答えられなかった。何に「なって」も死ぬのだから。

こうして、私の「願望」は、まさにこうした自分の感受性に忠実に、というと聞こえはいいのですが、他のことは一切だめだというマイナスの適性によって、「哲学」以外選べなかったのだと思っています。

人生で何をすべきか

〔私は全国からさまざまなお便りを頂きますが〕具体的な悩みを訴《うった》える文章の行間から、みんな「生きたい！」という意志をはっきり表明している。とするると、生きるしかない。ラクに生きることができないのなら、苦労して生きるしかない。各人が生きることによって、固有の悩みを解決するしかない。解決できないにしても、それを抱えて生きるしかないのです。

『怒る技術』

「才能がない」と言ってあきらめてしまえる者は、そのことをもって才能がないのだと言わざるをえない。才能とは、少なくともそういうかたちであきらめてしまえるものではない。何が起ころうと、いかにみずからの限界を感じようと、たとえ死んでもせざるをえないもの、ほかのことを絶対にできなくさせるもの、それが才能なのだ。

『働くことがイヤな人のための本』

したいことをするという信念を（ある程度）実現している人は、他人がしたいことをしていても、妬《ねた》むことはない。したいことをしている人を妬むのは、決まって自分がそれをしていない人である。また、したいことをしようとして失敗した人は、したいことしないままに人生を終えるよりずっと豊かで充実していると思う。

人間には二通りのはっきり異なったタイプがある。その一つは、いかなる犠牲を払ってもしたいことをするタイプであり、もう一つは、健康、手堅い職業、人との良好な関係などから成る「安全」を最高の価値とするタイプである。

『「人間嫌い」のルール』

成功者には共通な何かがある。成功した者たちは切実に何かを求めている。その求める気持ちは一種の狂気のようなものだと言っていい。彼らはなぜそれほど真摯《しんし》に求めるのか？芝居でも料理でも哲学でもいい。その自己実現の方法がなかったら、自分の人生はまったく無意味だと直観しているからなのだ。

『働くことがイヤな人のための本』

私はいまだに、この人生で「何をすべきか」はわからない。しかし、だんだん「何をすべきでないか」はわかりかけてきた。二〇歳のころの初心に戻ってみましても、明日死ぬとしたら「何をすべきか」はわからない。しかし「何をすべきでないか」はかなり明瞭にわかってきました。新学科のプランなど作るべきでないし、編集委員会などには出るべきではない。だが、息子の運動会には行きたいし、酒を飲むべきではないとは言えまい。毎夏ウィーンで過ごすという贅沢《ぜいたく》も断じてやめようと思わない。つまり、「明日死ぬとしたら」という条件を付けて「何をすべきでないか」を考えてゆきますと、おもしろいことにこの世の偉大なことは背景に退き、個人的な些細なことが前景に広がってきます。

私は、ただ親の言うことを聞きすぎたら、あるいはそれを「尊重」しすぎたら、あなたは何もできませんよ、と言いたいだけ。あなたが、もし自分のうちから沸きあがる何かをしたいのだったら、親をも(精神的に)捨てる覚悟がなければできませんよ、と言いたいだけです。

『人生を〈半分〉降りる』

真剣に選択しようとすればするほど、選択に悩めば悩むほど、きみはしらずしらず親の顔をうかがっている。きみは、そういう仕方でなければ何ごとも選択できないんだ。いまさら、親の願望から独立に何かを選べと言われたって何をしていいのかわからない。きみがはまり込んでいるのはこういうやっかいな状況だ。

「なぜ生きるのか?」という問いに対して、「それを知るために生きるのだ」という回答が、いちばんすぐれているようにぼくは思う。「きみはなぜ書くのか?」それを知るために書くのだ。

『カイン』

矜持をもって生きたい

まずどんなに不可能なことでもどんなに大それたことでもいい。才能とか年齢とか親の反対とか生活の安定とかすべて切り捨てて、自分がいちばんしたいことをまず確認すること。それがわかったら、それを実現するありとあらゆる方法を考えること。なにも直接的な道でなくてもいいんだ。間接的な道でも構わない。

いかなる失敗も、その目標の火が消えないかぎり、きみは耐えられる。最終的には、その目標を実現しなくてもいいんだ。完全に失敗してもいいんだ。だが、そうした運動を通じて、きみはたぶんつらいけれど充実した人生を味わえると思うよ。そして、運よく四〇歳、五〇歳まで生き延びることができれば、きみは知らないうちに数々の宝を手にしていると思うよ。

才能とは、具体的に表現されたものの積み重ねをもってその意味を獲得してゆくものであり、いかなる兆候《ちょうこう》も示さない者が「俺には才能がある」と言っても誰も信じない。

こうしたぼろ雑巾《ぞうきん》のような俺が生きるには、いったいどうしたらいいのだろう？　どんな仕事をしたらいいのだろう？　その場合、私には一つだけはっきりわかっていることがあった。それは、自分がくずおれてしまわないためには、絶対に「美しい敗者」にならなければならないということであった。自分が納得した美学を生活の隅々にまで浸透させなければならない。そうでなければ、俺が生きる価値はない。

独り荒野に放り出されることは怖いことですからね。私は、凡人にとって組織から離れて生きることの厳しさを強調したい。凡人は、組織から離れて僻《ひが》みなしに晴朗に生きることができるほど強くはないことを言っておきたい。

『働くことがイヤな人のための本』

正直に生きたい

私が「きれいごと」を嫌うのは、こうした言葉を生徒たちの頭に注入する場合、先生は意図せずにマインド・コントロールの姿勢をとり、彼らから言葉に対する敏感で繊細な感覚を奪いとるから。

何を語っても平均値からずれている人は、たえず厭《いや》な気分を避けよという至上命令ゆえに、真に思うところを何も語れないことになる。これってすごく残酷なことではないでしょうか？　こういう空気に窒息《ちっそく》しそうな私から必死の（涙ながらの）提言をしますと、かなりの場合みんなを厭な気分にさせても真実を語るべきであると思います。真実が何かみんな知っていながら、厭な気分になりたくないためにそれを避けているよりも、厭な気分になってもいいから、語るべきであると思うのです。少なくとも、こういう場面がもっとあっていいと思うのです。青筋を立てて告発するのではない。みんなの気分をさらりと厭にする程度の言葉は、いかなる集まりでも避けないほうが健全です。

そんなに「いい気分」ばかり求めていると、少しでも厭な気分になると、その原因が何であってもただちにそれを潰《つぶ》すことになる。彼(女)が何を主張したいのかを追究せずに、ただ「厭な気分にした」という罪状だけで片づけてしまう。これは、たいへん恐ろしいことだからです。

『私の嫌いな10の言葉』

いかなる正当な理由、確固たる理由があろうと、いかなる他人をも苦しめてならないとすると、互いに顔色をうかがって、誰も誰ともぶつかることのない社会が、誰もがみずからの信念や美学を貫くことのない、みんながみんなに親切な、退屈きわまりない、欺瞞《ぎまん》だらけの社会が実現されることになる。善人の目指す社会とはこんなものだ。

『善人ほど悪い奴はいない』

彼ら(人間嫌い)に共通することが一つだけある。それは、(どんなに他人からは馬鹿げて見えようと)みずからの欲望にごまかしのないことである。「魂の美しさ」と言いかえてもいい。私は、彼らに勇気づけられる。果てしなく虚《むな》しい人生、彼らのような人が生きているだけで、私には生きる勇気が湧《わ》いてくるのである。

人間嫌いをその中核で動かしている動力は自己愛である。なるべく自分の感受性と信念に忠実に、すなわち普通の言葉を使えば、なるべくわがままに生きたい。ほかの人のわがままも許すから、こちらのわがままも許してもらいたい。

自己中心的な人を嫌うのは、自己中心的であることができない人、そうありたくても我慢している人である。自分もこんなに我慢しているんだ、世の中そんなに甘くないぞ、だからお前もそんな夢みたいなこと考えずに、もっと大地に足をつけて現実をよく見ろ……というわけである。

人間嫌いであって組織の中で良好な人間関係を維持するには、すべてが技巧の積み重ねなのであるから、かなりのエネルギーを要する。それは不可能ではないが、猛烈にくたびれる。人間嫌いが肩の力を抜いて活き活きと生きられるのは、やはり自己中心主義を貫くことが許される状況においてであろう。人間嫌いは、たとえ多くの人に嫌われてもしたいことをするとき、活き活きと本領を発揮できるのだ。

全国の人間嫌いの諸君へ。あきらめてはいけない。自分のまわりになるべく居心地のいい人間嫌いの空間を創ろう！（と励ましてもいけないのだけれど）。以下、その十のルールをここに公開する。だが、読者諸賢に断わっておくと、まかり間違っても「賛同するから」と手紙やメールで入会を申し込まないこと。私の創りつつある「人間嫌い協会」入会の条件は、賛同してもその意志を表明しないことなのだから。

1 なるべく一人でいる訓練をする
2 したくないことはなるべくしない
3 したいことは徹底的にする
4 自分の信念にどこまでも忠実に生きる
5 自分の感受性を大切にする
6 心にもないことは語らない
7 いかに人が困窮《こんきゅう》していても（頼まれなければ）何もしない
8 非人間嫌い（一般人）との「接触事故」を起こさない
9 自分を「正しい」と思ってはならない
10 いつでも死ぬ準備をしている

『「人間嫌い」のルール』

自分らしく生きたい

世間に迎合して自分の信念を曲げたくない。世間を私の方向にたぐり寄せたくもない。つまり、いいかげんなところで世間と歩み寄りたくない。だから、私は人生を「半分」降りることにしたのである。

『不幸論』

具体的には、孤独になるとは、他人に自分の時間を分け与えるのを抑えることである。自分の生活を整理し、なるべく他人のためではなく自分のために時間を使うことである。多くの読者は「そんなことはできない」と言うであろう。しかし、私が強調したいことは、頭で考えるのではなく少しずつ実際に石を動かしてみることだ。生活を変えるように努力してみることだ。すると、たぶん思わぬ手応《てごた》えを感ずるであろう。

あなたは、次第に孤独であることに喜びを見いだすであろう。他人に囲まれていなくとも寂しくなくなるであろう。そして、自分固有の人生の「かたち」が見えてくるであろう。そんな曖昧模糊《あいまいもこ》としたことは信じられないという人に答えたい。それなら、あなたは死ぬまであなたのぬるま湯の日常生活を続けるがいい。そして、小さな薄汚い世間体を抱えたまま「これでよかった」と呟《つぶや》いて死ねばいい。

そのころ私の頭をぐるぐる駆けめぐっていた問いとは、いかにして私は人生の落伍者《らくごしゃ》としてではなく矜持《きょうじ》をもって生きていけるか、というものであった。コソコソ生きるのではなく、みずからを恥じず、みずからの価値を信じて生きていけるか、というものであった。

プルーストは幼年時代幸福であった。そして、彼はその幸福がもたらす「豊かさ」をあるとき自覚し、そこに救いを求めた。私は幼年時代・少年時代を通じて不幸であった。そして、私はその不幸が私にもたらす豊かさをやはり自覚したのだ。

『孤独について』

哲学とは、高尚な真理を説くものではない。それは、誰でも知っていること、だが社会が必死の思いで封じていることをえぐり出して、明確に言語化することに尽きる。これは、社会に生きているほとんどの人を不快にすることであり、社会の安泰を揺るがすことであり、一口で言えば非（反）社会的なことですが、だからこそ価値のあることなのです。

たしかに「生きていく」ためには、こうした〔真実よりも幸福を優先させる〕技術も必要かもしれない。それでいい人はそれでいいのです。しかし、哲学者は、断じてそう考えない。たとえ幸福を失っても、たとえ生きていくことがつらくなっても、いやほとんど生きていられないほどの苦境に陥っても、真実を追い求めるべきだと確信している。なぜか？それが「真実」だからです。この場合、真実とはすでに決まった知識ではない。真実を、真実のみを「求める（愛する）」という態度です。

『後悔と自責の哲学』

〈対話〉のない社会

この国の人々は個人と個人が正面から向き合い真実を求めて執念深く互いの差異を確認しながら展開してゆく〈対話〉をひどく嫌い、表出された言葉の内実より言葉を投げ合う全体の雰囲気の中で、漠然とかつ微妙に互いの「人間性」を理解し合う「会話」を大層好むのである。

〈対話〉の基本トーンをなすのは、相手を議論で打ち負かすことではないが、さりとて相手の語ることに同意し頷《うなず》くことではない。むしろ、わからないことを「わかりません」とはっきりと言うこと、相手の見解と自分の見解との小さな差異を見逃さず、それにこだわり「いいえ」と反応することである。

〈対話〉とは個人と個人とが「生きた」言葉を投げ合うことであるから、それぞれの個人は交換不可能である。何を語ったのかのみならず、だれが語ったかが重要なファクターである。すなわち、〈対話〉とは、――科学的議論のように――個人がみずからの人生を消去して語ることではなく、むしろ人生をまるごと背負って語ることなのである。

〈対話〉を遂行する者は、一方で、自分の置かれた状況から独立の「客観的態度」をもって語るのではなく、他方、自分の置かれた状況に完全に縛られて「主観的態度」をもって語るわけでもない。〈対話〉はちょうど両者の中間を行く。自分の固有の状況・体験・感受性をまるごと引きずりながら、しかも客観的真理を求めて語り出すのである。

もしAが〈対話〉を遂行しようとするのなら、彼(女)はBやCの立場を安易に「わかる」と決めつけるのでもなく、「わからない」とつっぱねるのでもなく、「わかろう」と努力する。その場合、自分の状況と相手の状況とを見渡す公平な(第三の)視点を得るのではなく(それは得られない!)、あくまでも自分の状況にとどまったまま、相手の状況を理解する二重の視点を獲得するのである。AのみならずBもCも同じルールに従うとき、そこに豊かな〈対話〉が開かれるであろう。

この国では、真実を語ることよりも「思いやり」を優先する教育者が少なくないので、あえてその危険性を告発したいのだ。こういう人間教育のもとでは、若者たちは「思いやり」を尊重するゆえに真実を語らなくなる。いや、語れなくなる。〈対話〉が成立しなくなり、みな他人への「思いやり」や「優しさ」に押しつぶされて、「なぜですか？　ソクラテス」「ソクラテスよ、わかりません」という単純な言葉を発することができなくなる。真相はいつも他人への配慮の背後に隠れ、追求されなくなるのである。なんと風通しの悪い社会であろうか！　真実を語らない社会、言葉を信じない社会、〈対話〉を拒否する社会をつくりたいのである。それも「思いやり」や「優しさ」という美名のもとに。

何をしても、最終的には「読めない」のが人間関係というものである。純粋な思いやりとは、こうした場合をも見越してある行為をすること、そして結果に対してはきちんと責任をとることである。

「思いやり」と「優しさ」という暴力

この国では「他人を傷つけず自分も傷つかない」ことこそ、あらゆる行為を支配する「公理」である。したがって、われわれ日本人は他人から注意されると、その注意の内容がたとえ正しいとしても、注意されたそのことをはげしく嫌う。その他人は私を傷つけたからであり、「思いやり」を欠いたからであり、日本的行為論の「公理」に反する暴挙《ぼうきょ》に出たからである。こうした行為観のもとでは、注意することは大勇気を要し、注意されることは大屈辱である。だから、みんな黙っているのだ。だから、それにもかかわらず注意されるとき、われわれは激怒するのである。注意した相手をはげしく憎み、恨み、場合によっては殺すのである。この国では、みんな「思いやり」という名のもとに真実の言葉を殺している。〈対話〉を封じている。しかも、――恐ろしいことに――ほとんどの者はその暴力に気づいていないのである。

すべての生徒を納得させようとし、すべての生徒から批判されたくないゆえに、先生は悩み苦しむ。あらゆる父兄からも教師からも、はてはマスコミからも批判されないような道を歩もうとして、先生はもだえ苦しむ。その苦悩は思慮深い外形をしているが、じつは怠《たい》惰《だ》や無責任と紙一重である。

この国では「優しさ」は今やエスカレートして熱病にまでなっている。すべての人が優しさ、優しさの大合唱。不気味なほどである。これほどまでに「優しさ」が叫ばれている空気の中で、弱い人間は「優しさ」によって殺されてゆく。精神的に破綻《はたん》してゆく。

だれをも傷つけないような言葉を発すること、それはもう言葉の否定以外にはありえない。

みずから決定し(自己決定)みずから責任をとる(自己責任)などというくたびれはてる、しかもなんの報いもない荒馬にだれが乗り移ろうとするであろうか？　だが、そのつけは大きい。われわれは、考えなくなってしまった。考えなくてもいいからである。われわれは、自分の言葉を失ってしまった。言葉を発しなくてもいいからである。われわれは、多様な他者とのいきいきとした関係を結べなくなってしまった。他者はいないからである。

日本社会では、対立そのものを産み出さないこと、いや対立があっても「なかったこと」にすることに最大の努力が払われる。「いじめはありませんでした」「A氏とはなんの行き違いもありませんでした」「B氏と私が仲が悪いなんてことはまったくありません」……。この国では、いつもなんの対立も「ない」ことをみな必死の思いで訴えるのである。「和の精神」とは、産み出された対立を和する精神ではなく、対立を産み出さない精神、それでも生まれた対立を認知しない精神、さらにはそれを殺害する精神なのである。

「和」とは、現状に不満を持つ者、現状に疑問を投げかける者、現状を変えてゆこうとする者にとっては最も重い足かせである。容易に見通せるように、「和の精神」はつねに社会的勝者（例えば学力の高い学生）を擁護《ようご》し社会的弱者（例えば学力の低い学生）を排除する機能をもつ。そして、新しい視点や革命的な見解をつぶしてゆく。かくして、「和の精神」がゆきわたっているところでは、いつまでも保守的かつ定型的かつ無難な見解が支配することになる。

他者との対立を大切にする

だれをも傷つけない言葉を語るというのは何も語らないに等しいのである。

現代日本人は「他人にかかわりたくない」という強烈な願望をもっている。それは、世間に対する過度の配慮の裏返し現象である。世間の岩のような重圧をよく知っているゆえに、あかの他人が新たに世間に参入してくること、自分の行動を追跡観察する眼が一つ(二つ?)増えることを全身で警戒するのだ。

いじめが起こると「自分がされたらどんなにつらいか考えなさい」というお説教ばかりが聞こえる。そうではないのだ。自分がつらくない些細なことでも他人はつらいかもしれないのである。自分とは感受性がまったく異なっているかもしれないのである。

〈対話〉とは他者との対立から生まれるのであるから、対立を消去ないし回避するのではなく「大切にする」こと、ここにすべての鍵がある。だが、他者との対立を大切にするようにと教えても、他者の存在が希薄な社会においては何をしていいかわからない。そうなのだ、本当の鍵は他者の重みをしっかりとらえることなのだ。他者は自分の拡大形態でないこと、それは自分とは異質な存在者であること。よって、他者を理解すること、他者によって理解されることは、本来絶望的に困難であることをしっかり認識すべきなのである。

〈対話〉のある社会とはどのような社会か確認しておこう。それは、相手に勝とうとして言葉を駆使するのではなく、真実を知ろうとして言葉を駆使する社会である。それは「思いやり」とか「優しさ」という美名のもとに相手を傷つけないように配慮して言葉をぐいと呑《の》み込む社会ではなく、言葉を尽くして相手と対立し最終的には潔《いさぎよ》く責任を引き受ける社会である。それは、対立を避けるのではなく、何よりも対立を大切にしそこから新しい発展を求めてゆく社会である。それは他者を消し去るのではなく、他者の異質性を尊重する社会である。

あなたはこうした社会の実現を望まないであろうか。望まない方に言っておきたい。あなたが言葉を信じないのはあなたの自由である。あなたが苦しいとき、ひとりで耐えるのはあなたの自由である。あなたがだれにも相談せずに死を選ぶのはあなたの自由である。しかし、そうした態度で生きているうちにあなたは——自覚的無自覚的に——じつは他人の言葉も封じているのだ。他人の叫び声を聞かない（聞こえない）耳をつくっているのだ。真実を求めようとせず、〈対話〉を全身で圧殺しているのだ。だから、あなたは加害者である。

『「思いやり」という暴力』

戦国武将たちが（名誉を含めた）自己防衛のために真剣に武術を磨いたように、現代人は（名誉を含めた）自己防衛のために真剣に言葉の技術を磨かねばならないのです。

『私の嫌いな10の言葉』

5　すべて自分が選びとったものだと考える

すべて自分が選びとったものだと考える

二十歳でまさに華厳の滝から飛び降りる覚悟で「哲学」を選んだのですが、その後どうしたのかと不思議になるほど、私は「人生の荒波」に揉まれ、じつにそれが一七年もつづき、私は三七歳でどうにか大学助手というアカデミズムの最底辺にたどりつきました。

このあいだの苦労を他人にすすめる気は毛頭なく、この試練も私が「選びとった」と無理にでも思うことによって、私はやっと自分を保てるのであって、そうでなければ、自滅してしまうかもしれません。

この運命は私が選びとったのだ！

ニーチェの不可解きわまる思想のうち、私がごく最近了解し始めたことがある。それは「何ごとも起こったことを肯定せよ。一度起こったことはそれを永遠回繰り返すことを肯定せよ」という「運命愛」と名づけられている思想である。つまり、私に起こったことすべてを「私の意志がもたらしたもの」として捉《とら》えなおすことだ。

私が他人から嫌われ、排除され孤独に陥《おちい》っているとしよう。「運命愛」とは、こうした場合そもそも俺が悪いんだからと泣き寝入りする態度ではない。何もかも自分のせいにして安《あん》堵《ど》する怠惰《たいだ》な態度ではない。この運命は自分が選びとったものだと——無理やりにでも——考えてみることなのだ。

私の子どものころのはてしない苦しみが、大人になってからの私に「苦しみに耐える力」を与えてくれた。だから、私は子どものころの苦しみを愛さなければならないのだ。それを私が選びとったものとして、完全に肯定しなければならないのだ。先にも触れたが、ニーチェの「運命愛」の思想が私には実感としてわかるのである。

孤独とは自分に課せられたものではなく、自分があらためて選びとったものだという価値の転換に成功すると、そこにたいそう自由で居心地のよい世界が広がっていることに気づく。孤独とはもともと自分が望んだものだということを――葡萄《ぶどう》は酸っぱいと言ったあのイソップの狐のような――負け惜しみではなく、心の底から確認すると、孤独を満喫することができる。それはすなわち、自分固有の「人生のかたち」を満喫することであり、孤独が履きなれた靴のように心地よくなることである。

だいたいおわかりであろう。いったん、こうした価値の転換の技術を体得してしまえば、いかなる逆境にあっても、あなたは安全であり自由なのだ。だが、――何度でも言うが――この境地が負け惜しみややせ我慢でないことが決定的に重要である。私は五〇歳を過ぎてやっとこうした境地が見えてきた。

人は自らが選んだ苦痛には耐えられる

どのような隠された動機が私をつき動かしているのかは知らない。ただ、それまで私は仲間うちで自分ひとりだけ挫折《ざせつ》するという体験を重ねてきたので、徹底的に考えた末に決断したことは基本的に「正しかった」のだとみなしている。これと表裏一体となって、何もかもなくなりゼロになってもいいという思いがつねにある。何度もまる裸《はだか》にされてきたから、恐ろしくはないのだ。ああ、今度はあのときよりもずっとラクだという思いが私を励《はげ》ましてくれる。

他人によって押しつけられたものが苦痛を与えるとき、われわれは脆《もろ》く崩れてしまう。だが、自分が選びとったものがたとえ自分に苦痛を与えるとしても、耐えられるのである。自分が選びとった大学、自分が選びとった結婚、自分が選びとった職業は肯定するほかないではないか。

私のこれまでの人生は、文字通り挫折の連続でありながら、それぞれの挫折が次のより広い世界を開いてくれた。あのとき法学部にそのまま進学していたら、私は平凡な会社員になっていたかもしれない。あのときウィーンに飛ばなかったら、私は今でも予備校講師であったかもしれない。だが、そう考えられないところが肝心なのだ。あのとき挫折したこと、あのとき「法学部に行くのはいやだ！」とうめき声をあげたこと、「ウィーンへ行こう！」と叫んだこと、それが「私」を作ったのであるから、それが、「私」なのであるから。

『孤独について』

還暦を過ぎてから、いやじつは二〇年も前の四〇の坂を越えるあたりから、人は（とくに男は）完全に二つの人種に分かれる。一つは、いかに瑣末《さまつ》なものでも、いかに世間的に評価されなくても、自分の「天職」をすでに手に入れ、それをなるべく完全なものにするために残りの人生を懸《か》けようとする人々である。そして、もう一つは、そのようなものは何もなく、しかも「それでいい」と呟《つぶや》きながら、ただ老いていく人々である。

『善人ほど悪い奴はいない』

多くの人が芸術家や職人に憧れるのは、生業《なりわい》として好きなことができるためだけではない。純粋な個人として生きてゆくというわがままが（比較的）許されるからである。だが、芸術家になることが唯一の道ではない。これまでの人生を振り返って、自分の真の適性を見いだすこと。そして、それがわずかでも見えてきた人は、それを力あるものに鍛《きた》えることである。

私はたしかに挫折した。だが、今まで周囲にさんざん見てきた小さくかじかんだ男の一人になりたくない。少なくとも下品な生き方はしたくない。私は考えに考えた。どういう人生が自分の美学にかなっているか考えていた。敗者なら敗者なりの美学を貫こう、せめて「美しい敗者」になろうと考えていた。

『孤独について』

組織で殺されないための三原則

どんなに気のおけない人でも、会いたくないことはあります。それも、とくに彼（女）に会いたくないという理由ではなくて、とにかく他人に会いたくないという理由によって。だが、人は普通この理由をなかなか認めてくれないのです。手紙に、人はよく「また近々お会いしてお話うかがいたく存じます」とか「先日のパーティーではお顔を拝見できず残念でした」とか書きます。そうである場合もありますが、ほとんどが儀礼的な挨拶、つまりあまり「会いたくなく」てもあまり「残念でなく」ても、こう書く。「もう会いたくないですね」とか、「お顔を拝見できず幸せでした」と書くことは、その人との絶交宣言のような重みをもってしまうので、みんな恐れてこう書くことはない。

電話口の相手に「会いたいですねえ」と言われて「いいえ、私は会いたくありません」と答えるのには、私ですら抵抗がある。ですが、最近、私は努めてこう言うようにしております。もっとも、同時に長々と私の「根本思想」を相手に伝える必要があるのですが……。

『人生を〈半分〉降りる』

一般的に語ることは難しいが、いくつかの基本ルールはどんな組織においても成り立つように思われる。私自身のそしてさまざまなタイプの人間嫌いを観察してきた結果、組織の中で人間嫌いが(比較的)許されるのは、次の場合である。

1　仕事ができること
2　勤勉であること
3　誠実であること

あなたが組織の中で自分の信念を貫くには、仕事ができることが必須の条件であり最大の武器である。あなたが組織にとって真に必要な人になれば、組織はあなたに冷たく当たることはないであろう。だが、それだけでは駄目である。あなたは勤勉でなければならない。規則を守り、約束を守り、自分に与えられた課題をしっかりやり遂げなければならない。

仕事以外のことで拘束されたくないのなら、仕事において手を抜いてはならない。契約上の拘束（義務）にだけ縛られ、契約外拘束（義理）に縛られないためには、契約を厳守しなければならない。だが、そうであっても、周囲から妬《ねた》みが湧《わ》き上がるかもしれない。いじめの標的にされるかもしれない。それはけっして根絶はできないが、あなたがそれでも誠実であれば、傲慢でなければ、あなたには比較的自由が与えられ、ひとりでいることさえ許されるであろう。

銀行に勤めようが、鉄道会社に勤めようが、市役所に勤めようが、原則はやはり同じである。あなたは、無理にひょうきんになったり愛想笑いせずとも、仕事において抜かりがなく、勤勉であって、誠実であれば、――たとえみなとそれほど打ち解けなくとも――やがて理解者を、あなたの味方を得ることができるであろう。どんな組織であっても以上の三条件を守っていれば、絶対に排斥《はいせき》されることはないのだ。

『「人間嫌い」のルール』

進路の選び方

途方に暮れるほど長いあいだ、ぼくは悩みつづけ迷いつづけてきたのだが、そして選択せざるをえなかったのだが、ぼくは――自信をもって言える――けっして肚《はら》の底から確信して選択したことはなかった。いつも暗闇《くらやみ》の中で何かにすがるように選択してきた。そして、選択した直後、はげしく後悔するのだった。

そうして思い起こしてみると、重要な選択に際してぼくが世間一般の基準を尊重しなかったことだけは確かなのだ。生活の安定や、自分の能力や、ひとの思惑などは何も考えなかった。ひたすらこういう要素を排除して「無謀な」選択を続けてきた。

『カイン』

おびただしい数の人々が芸術家に憧《あこが》れるのは、私の考えでは、好きなことができるということのほかに、まさに社会を軽蔑《けいべつ》しながらその社会から尊敬されるという生き方を選べるからなんだ。社会に対する特権的な復讐《ふくしゅう》が許されているということだね。だが、その許された生活を続けるには、復讐のために選んだ仕事において成功しなければならない。それは、文字通り背水の陣であるから、それに成功しないとき、もうあとはないんだ。そして、残酷なことに、成功しない場合がほとんどである。こうしてため息をつきつつ、社会に対する復讐の大計画を練っているうちに、その一条の光も輝きを失い、いつしか闇《やみ》に消えてしまうのだ。

私は「身のほどを知れ!」という臭《にお》いを発するお説教は大嫌いである。たしかに、身のほどを知れば、何らかの仕事が与えられるかもしれない。そこで妥協《だきょう》し、自分のうちから湧《わ》きあがる欲求をぐいと抑えつけ、考えないように考えないようにすれば、いずれその仕事がぴったり肌着のように合ってくるかもしれない。ただ金を貰《もら》うために働けばそれでいいと言い聞かせて、みずからをだまし抜くことにも成功するかもしれない。それも一つの人生だ。

しかし、きみはそれでは納得できないんじゃないかと思う。きみはそれほど巧《たく》みに自分をだませないんじゃないかと思う。だまし抜いた一生を終えて、六〇歳になる自分を想像したとき、冷や汗が出るんじゃないかと思う。とすると、きみはみずからの欲求に耳を塞《ふさ》ぐのではなく、逆にその声からわずかなヒントでも見いだして、何をすべきかを徹底的に考えなければならない。

あえて言おう。きみのような青年は、たとえ不幸になっても、「身のほどを知らない」生き方を熱心に探求すべきだと思う。たとえ、きみが不幸に陥《おちい》り家族など周囲の者を不幸に陥《おとしい》れることになろうとも、その生き方を貫くよりほかしかたないと思う。

きみは、自分をそれほど必死に愛さざるをえないほど、どこかで傷ついているのだろうが、それはおいておこう。私の提言はただ一つ、世間の健康な人の言葉を信じなくていいということだ。きみは、そうしたきみをそのまま受け入れればいいんだ。これから、その自己愛のためにきみはたいへん苦労する人生を送ることだろう。だが、それはある意味できみの運命なのだから、ニーチェが言うように、それを「愛する」しかないんだよ。

社会的不適応を誇らない

だが、これほど人間関係を恐れつづけた私が口を酸っぱくして言いたいことは、こういう社会的不適応者が無条件に優れた人であるわけではないということである。普通人の感受性からずれていることは、大変な苦しみであるけれども、その人が苦しんでいるからといって、苦しんでいない普通人より人間として偉いわけではないいんだ。

私の人生が普通の意味で狂いだしてから、私は豊かな人間関係のうちに生きることになったんだよ。私も身構えることが少なくなってきた。自分をがんじがらめに縛っていた鉄の鎧《よろい》が溶けてきて、自然なかたちで「ほんとうのこと」が言えるようになった。なんだかはじめて人間として生きはじめているって感じがしたよ。

人生について、漫然《まんぜん》と何十年考えつづけても、何も出てこない。不特定多数の他者に向けてそれを表現しないかぎり、他者とのコミュニケーションを通してそれを鍛えないかぎり、強靭《きょうじん》な思索とならない。きみ固有の思索にならない。きみが自分の固有の思索を展開したいのなら、他者を避けてはならない。他者の中で揉《も》まれなければならない。きみに反対する、きみの思索と異質な、天と地のように異なる他者に次々にめぐり合い、彼らからめためたに切りつけられねばならない。

『働くことがイヤな人のための本』

人間関係に揉まれる

私は、彼ら種族に正確に銃口を向けて言葉を発射しているのですが、その彼ら種族の典型が私のものを熱心に読んだうえで私に擦《す》り寄ってくる。つまり、彼(女)は私が書いていることすべてをほんとうのところでは信じていない。すべて、書物の中のことだとタカを括《くく》っている。毒舌を吐く私は痛快で、じつのところはなんの危険もないただの善良な市民だと思い込んでいる。これほど徹底的に私を誤解しながら、なんのうしろめたさも感じない。こういう奴はグーの音も出ないほど打ちのめすに限ります。しかし、なんとくたびれることか！

私は自分に対する正面切っての批判や非難は無視してはならないと思っています。むしろ、称賛や同感はなるべく無視してもかまわない。それは、半分は社交辞令だからであり、あとの半分も私の自己幻想を満たしてくれるだけ。私をいささかも鍛《きた》えてくれないのですから、なるべく無視するのがよい。しかし、私に対する批判は、そこに感情的な恨みや憎しみがあっても、貴重なものです。そこには、かならず何らかの真実が隠されている。だから、それを大切にしなければならないのです。

『私の嫌いな10の言葉』

作家予備軍や画家予備軍が数十万人いてもいいのです。ただ、そのうち社会的に成功するか否《いな》かは、それが商品として市場価値があるか否かだけで決まること、そして市場価値がつくきっかけはほぼ偶然だということ、こうしたことにつべこべ難癖をつけるべきではない。これが厭《いや》ならやめればいいだけです。

もし私が恋愛相談を受けたら、人生そんなにおもしろいことはなかなかないんだから、どんなに可能性が少なくても、ずんずん突き進み、相手も自分もぼろぼろになり、お互い人生を棒に振り、まわりの人をも巻き込み、みんなに迷惑をかけ、警察沙汰《ざた》になってもいいから、どこまでもどこまでも貫きとおしなさい、と助言しようと思うのですが、それと知ってか、誰からも恋愛相談は受けません。

『私の嫌いな10の人びと』

価値観の枠を外す

先生は、何とかK〔あるテレビドラマに登場する少年〕をみんなの中に入れなければと奮闘するばかりではなく、「嫌われること」をKに思い知らせて、そこから新しい生き方を探るように指導してもいいのです。「そんなことしたらみんなから相手にされないぞ」というお説教だけではなく、「みんなから嫌われるのが厭ならおまえは自分を変えなければならない。しかし、変えたくなければそれでもいい。みんなから嫌われる生き方、それはそれで一つの生き方だよ。その生き方を必死で追究しろよ」と教えることです。

この場合、絶対に「俺はどうせ嫌われるんだ」という怠惰《たいだ》な思考停止の方向を拒否することが鍵。普通、生徒はこう自分に言い聞かせてぐれてゆくのですが、それはやはり「みんなから嫌われるのは駄目な奴だ」という大原則の鉄枠をみずからに被《かぶ》せているからです。ひとから嫌われる者は人間失格であるという価値観をみずからに与えているからです。この枠を外すことを教える道が残されている。大多数の者からは嫌われるが、そうしながらも、みずからの信念を貫く生き方は颯爽《さっそう》としていて潔《いさぎよ》い生き方です。

Kはみずからのすさまじい不幸を通じて、本物と贋物《にせもの》を見分けられ、かぎ分けられる感受性を獲得した。そうしたKが心から欲しているのは――同情でも愛でも、そして憎しみでさえ――本物だけだ。こうした感受性こそが宝であり、この宝を所持しているかぎり、たとえ世間的には何もなし遂げることができなくとも、苦労に塗《まみ》れて生きねばならないとしても、Kの人生はなかなか重たいけれど充実していると言えましょう。

人生は苦しみも悩みもなければつまらない。とくに、人間関係における苦しみや悩みは宝なのです。

私が相手に悪さをしたから嫌われるという合理的な「嫌い」はつまりません。私はああそうかと思うだけで、悩むことがなく、胃が痛くなるほど考えることがなく、何の人間的な修行にもならない。しかし、私が何も悪さをしないのに相手から嫌われることは、私を悶《もだ》え苦しませ、絶え間なく思索させ、私を人間的に高めてくれる。

私は放っておくと手のつけられないほど傲慢になり、目が見えなくなってゆきますから、私がどうしてもある人を嫌い、あるいはどうしてもある人から嫌われることは、ついきれいごとを並べて人生をわたってゆこうとする私の態度に冷水を浴びせかけてくれる。だから、貴重なのです。

何人たりとも、人生は豊かにすべきだ

私はたとえ孤独というかたちであっても、人生はなるべく豊かにすべきだと確信しております。いかなる敵も地平線上に現れる恐れもない地の果てに城を築いて立てこもるより、さまざまな敵にほどよく囲まれている危なげのある城の中で生活するほうが、おもしろみがある。緊張感がある。充実感がある。孤独を満喫できるのも、こうした環境においてです。

自己嫌悪で凝り固まった人はもっとみずからのうちに血のしたたる「嫌い」を取り入れる必要がある。社会から僻《ひが》んでぐれて、あるいは思考を停止して逃亡するのではなく、明晰《めいせき》な判断のもとに能動的に他人を排除し他人と対決する。世間とたえまなくほどほどに衝突を繰り返すことを通じて、自分にとって居心地のよい人生の「かたち」を整える。その「かたち」に反した他人とは容赦なく対立してゆく。これは自己嫌悪や人間嫌いを貫きながらも、豊かで潔く、積極的で充実した人生だと思うのですが、いかがでしょうか。

『ひとを〈嫌う〉ということ』

なぜ、彼（女）〔善人〕は問わないのか？　勇気がないからである。問うてしまうと、自分が崩れるかもしれないから、そうすると社会で生きていけないかもしれないから、とにかくそっちの方向に滑っていかないように「気を逸《そ》らせること」が肝心なのだ。こうして、「くそまじめな精神」〔自己批判的観点の欠如した人間を指すサルトルの言葉。ニーチェのいう「善人」に同じ〕は、自己欺瞞の限りを尽くして、自分自身の欲望を、願望を、希望を見ようとしない。「気を逸らせること」に全精力を使って、人生を駆け抜けようとするのだ。

善人は、自分が苦痛を負うことはもちろん、他人が自分の眼前で苦痛を与えられることすら耐えられないのだ。だが、こういう「原理」を掲げて生きていることは端的な間違いではないだろうか？　なぜなら、われわれは、確固たる信念をもってそれを実現しようとすると、必ず周囲の他人とぶつかるからである。それは（結果的にせよ）他人に苦痛を与えることであり、他人から苦痛を与えられることである。自分の信念や美学を貫くには、こうした対立に伴う苦痛を避けては通れない。

『善人ほど悪い奴はいない』

この世は快楽と苦痛が反転する恐ろしい煉獄《れんごく》である。だが、それでもこれらを達観した精神を獲得してしまったら、欲望の火を完全に消してしまったら、つまり仙人になってしまったら、なんとつまらないことか！　人間嫌いは、本物の仙人になって精神の安泰を獲得するより、喜怒哀楽にゆさゆさ揺すられ、人間を嫌いつづけることを選ぶのである。人間嫌いの別名は「人間的、あまりにも人間的な輩《やから》」なのだから。

私は、常に崖《がけ》っぷちを歩いてきたからこそ、そして思いがけず多くの人に助けられて生きてきたからこそ、どんなに型破りの生き方があってもいいじゃないかと心から思う。一見、不安定に見える職業に就いていても、将来の見通しが立たないように見える状況に投げ込まれていても、その人固有の人生の「かたち」を描ききることはできると思っている。

『「人間嫌い」のルール』

6 与えられた仕事において努力の限りを尽くす

与えられた仕事において努力の限りを尽くす

小学生のころから、私は何ごともひと一倍努力してきました。そして、いつも努力の割には報われなかったと自覚しています。

小学校五年生のときの通信簿には「熱心に勉強するが、要領が悪い」と書かれていた。

そう、この要領の悪さは七〇歳の今日まで続き、人がすいすい進むところを一人だけコケてしまう。

そして、行き着いたのは、小さな塾の主宰者であって、この穴倉のような「終《つい》の棲家《すみか》」（たぶん）は、私の人生にとって象徴的なものだと思っています。

仕事の醍醐味

考えてみれば、それによって生きがいを感じ、それによって生活の糧《かて》を得る一つの仕事を選ぶということは至難のわざだ。近代社会においては、出自や身分によってではなく仕事によってその人の値打ちが測られる。しかもただ仕事を続けていればよいのではなく、仕事においてたえず他人と競い勝ち抜くことが要求される。これは、たいへんしんどいことであり、膨大な挫折者が出てきて当然というものだ。われわれは、この「当然」ということをしっかり見据えて出発しなければならない。

われわれは実際に仕事をしてみることとそのことのうちからしか、自分の適性はわからないだろうし、才能もわからないだろうし、ほんとうに自分のしたいことすらわからないだろうということ。つまり、自分とは何かはわからないだろうということである。日々の仕事に違和感を身に沁《し》みて感じたからこそ、それからの転職も現実的な力となる。日々の仕事に不満を感じながらも、そこから逃れようとしないことのうちに、自分のかつての夢の軽さもわかってくる。

しかも、自分にふさわしい仕事をやっと見つけて、その中で自分のしたいことがわかったとしても、けっして(いわゆる)ばら色の人生が開けているわけではないんだ。そこでもあなたは、またもや敗退する可能性は高い。しかし、それでもからだごと動いてゆくことを通してしか、あなたがよく生きることはできない。

大部分の者が仕事に報われないのであり、そうした報われない人々が、それにもかかわらず続けるところ、続けざるをえないところに「仕事とは何か」という問いに対する地に着いた答えがあるように思う。理想的な要求ではなく、日々の現実的な要求に応《こた》えるものこそ、大方の仕事なのだと思う。この現実を見失ってはいけないと思う。

私の持論なのだが、自分の仕事にプライドをもっているなら、けっして「二流でいい」と自分にささやいてはならないように思う。「仲間に負けてもなんともない」と言ってはならないと思う。タコ焼き屋でも、ラーメン屋でもいい。仲間に負けてもなんともないのだったら、それは厳密には仕事ではなく趣味だ。そして、残酷なことに、いかに努力しようとほとんどの人はその限られた微小な分野でさえ一番にはなれない。仕事に挑むかぎり負けるのだ。負けつづけるのだ。私はこうした生き方こそ、真摯な充実した人生なのだと思う。何かに賭《か》けた者を襲うその苦しさこそ、あえて言えば仕事の醍醐味《だいごみ》だと思う。

『働くことがイヤな人のための本』

とにかく働き出すこと

世の中には、いかなる社会改革をしても、いかなる職業についても、いかなる結婚をしても、つまりどう生きても生きにくい人々がいるんだ。そういう人々にとって、そもそも世間の気圧は高すぎるのだ。だが、彼らの多くは、それにもかかわらず世間を非難することはできない。そういう適性のない自分を非難してしまうんだ。

『カイン』

仕事をし出したときから、理不尽との戦いが始まるだろう。そのとき、自分の自己愛に潰《つぶ》されそうになり、自己防衛にくたくたになるだろう。そのうち、うまく仕事をこなしうまく人間関係をこなす人々に対する嫌悪感が頭をもたげてくるだろう。だが、そういった状態で、いわば苦しんで仕事を続けるからこそ、そこからきみたちは多くのものを学ぶことができる。こうした理不尽な状態を簡単に割り切らずに見据えて、それに苦しむこと、これはたいそう自分を鍛えてくれるのだよ。

どうにか耐えられそうな職場を見つけて、とにかく働きだすことだよ。そうすれば、否《いや》でも応でも人間関係のうちに入ることになる。その中で自分を鍛えることだよ。そうしながら、自分の目標を実現することをあらためて考えてみるのだ。

カネと評価

その労働によって金を得ること、これは仕事と切っても切れない関係にあり、仕事の本質を形成する。なぜか？　そのことによって、われわれは真っ向から社会とかかわるからである。甘えは通用しないからであり、苛烈《かれつ》な競争が生じ、自分の仕事に対して客観的評価が下されるからだ。「客観的」とは公正という意味ではなく、不特定多数の市場における容赦のない評価という意味だけれどね。そして、ここにあらゆる理不尽が詰まっている。だからこそ、われわれが生きてゆくうえでたいそう貴重な場なのだと言いたいんだ。

報われない仕事を通じて、きみは現実の厳しさを習得することができる。きみはその仕事によって生きる意味をつかむことができる。つまり、仕事の意味をつかんでいるのである。このすべてが、きみの現実感覚を育ててくれる。甘えを吹き飛ばしてくれる。それでも油絵を描きつづけ、小説を書きつづけるとき、それがいかに報われなくとも、きみは仕事をしている。断じて趣味ではない。

この場合、きみがその報われない労働によって金を稼いでいることが決定的に重要である。仕事には他者による評価が必要なのだ。他者の視線を浴びることにより鍛えられることが必要なのだ。そのいちばんわかりやすい尺度が金である。多くの人は金を仕事の目標にはしないであろう。しかし、金を一つの目安にすることであろう。

たしかに、他人による評価は金と直接結びつかないこともある。よい評価と多額の報酬をもたらすこととは別である。しかし、もし仕事によって生活を支えることができなくともよいと居直っているのだとしたら、きみはプロではない。厳密には仕事をしているのではない。

それによって生活を支えているものがきみの仕事である。逃げ場を作らないもの、それがきみの仕事である。

『働くことがイヤな人のための本』

信頼を得る方法

私は組織の魔力とその虚《むな》しさを知りすぎるほど知っている。一般に組織においてこそ、人びとは自分の能力を発揮でき、他人からの評価も得られるのですから、その場を大切にしたいのはあたりまえです。しかし、組織とは自分にとってそういう功利的な場にすぎないというふうにドライに構えればよいものを、もう少し(いや、かなり)自分を組織に溶け込ませており、組織をセンチメンタルに崇拝している輩《やから》が多い。

物書きという下賤《げせん》な職につくほどの者は、嫉妬でも何でもそこにどっぷり浸《つ》かるのではなく、「ベクトルの方向」を変えて、それを書く材料に鍛え上げるだけの体力が必要だということ。同じく、物書きをめざすからには、書くことにおいてのみアクが強くなければならない。そこにすべてのアクを集中させなければならない、ということ。実人生においてアクの強い人って沢山います。だが、彼らのほとんどは物書きにはならない。物書きとは、実人生のアクを書くことにおけるアクにことごとく移動させることのできる人、その結果として実人生のアクを払い落とすことができる人のことなのだからねえ。

「見たとおりに書くこと」にはたいへんな才能がいる。それは、それ以前に「見る」才能がいるから。多くの人は見えても書けず、もっと多くの人は見えもせず書けもしない。彼女〔山田詠美さん〕は書かないときも「自分の目を使って、色々なものを見ること。普通の人の見えないものを見ること」に勤勉なのです。そうしない作家が多い。書くときだけ勤勉な作家が多い。

『私の嫌いな10の言葉』

私は大学という組織をまったく「愛して」いないので、つまりそれは月給をもらうための機関だと割り切って、それ以上何も期待していないので、ただ思うことをそのまま言う。その場合、私の発言の「裏」には何もない。ただ、そう思ったからそう表明しているだけなのです。そして、その場合、自分に課したルールとは、ただ自分の信念に忠実に、かつ徹底的に合理的に(「けじめ」をつけてではなく)語ろうということだけ。つまり、自己利益を求めて発言することがまったくと言っていいほどない。あたりまえで、私は大学の中でほとんど自己利益を求めていないからです。自己利益を求めていないと、かなりのことができる。こういう「素朴な態度」って、最終的には多くの人の信頼を勝ち得るんですね。少なくとも、嫌われないことは確かです。

血を流す思いで書いてきた

一芸に秀でた人、とくにそれによって社会的に成功した人は、一芸に秀でるために、人間として必要なさまざまな訓練を怠《おこた》ってきたことを認めなければならない。

『私の嫌いな10の人びと』

〔サマセット・モームは次のように言う。〕

成功は人々を虚栄、自我主義、自己満足に陥《おとしい》れて台なしにしてしまう、という一般の考えは誤っている。あべこべに、それはだいたいにおいて人を謙虚、寛容、親切にするものである。失敗こそ、人を苛烈《かれつ》冷酷にする。

たしかに、私の体験的印象からしてもこの通り。大体、仕事において成功を重ねてきた人はそれなりの自信がありますから、他人の無関心にも過敏な反応はしない。自分の作品が大好きな人もいれば大嫌いな人もわんさといることは承知のうえです。ジャーナリズムで勝ち抜いてきた人も、褒められるのと同じくらいけなされるのは慣れていますから、自分の仕事が批判されることについての抵抗は少ない。つまり、彼らにはほんとうのことを言いやすいのです。

『ひとを〈嫌う〉ということ』

どんな組織であっても、それには目的がある。それは、広い意味で利益を求める集団、テンニエス〔十九世紀ドイツの社会学者〕の言葉を使うと、ゲゼルシャフト(利益社会)である。その仕事が、ある観点から見て、いかに無意味でくだらないとしても、その組織に入ったら、仕事に熱心でなければならない。遊び半分ではいけない。成果を出さねばならない。

〔ウィーン私費留学から〕帰国後〔一九八四年、三八歳のとき〕も、私はきわめて社交的であった。でなければ、私は地位が獲得できないからであり、地位が獲得できなければ、自分のしたいこと(哲学)ができないからである。さらに単なる生活の安定のための地位ではなく、よりよい地位が欲しかった。なぜなら、よりよい地位にいるとよりよい仕事が回ってくるからであり、業界でも業界外でもみんなから尊敬されるからである。

さらにジャーナリズムに船出するには、よほどの風雲児でないかぎり、他人の紹介・援助・口利き・世話が必要である。はじめて有力新聞や雑誌に記事を書いたり大手の出版社から著書を出したりするには——つまりとっかかりには——、その分野で能力を認められている人の紹介がすべてであると言ってもいい。私はアカデミズムでもジャーナリズムでも、不思議なほどそういう人にめぐり合い、彼らの助力によって、地位や仕事を獲得してきた。そして、彼らの恩に報いるため、つまり、彼らの「保護」から離れても業界で独力で生きていけるように、必死の努力をしてきた。

『「人間嫌い」のルール』

物を書いて商品にして売る、ということはこういうことなのだ。暗闇から発砲されることである。普通の人は、自分が血を流すような気持ちで書いたものに対して、こうまでも直接的な攻撃は受けないだろうから、物書きとはたいそう豊かな体験をすることができる職業である。とはいえ、あまりにも抵抗力をつけて不感症に陥《おちい》ってはならない。私はこうした「叫び声」が語る一抹《いちまつ》の真実――それぞれたしかに真実を語っている――をとらえて、「正しく」傷つかなければならないのである。

『不幸論』

倒れたら倒れたままでいる

思いもかけず、東大紛争が私を救ってくれた。そして、このような幸運を以後私は何度も体験するのだ。私はとにかく一生懸命に努力する。しかし、どうしてもうまくいかない。私は挫折する。私は倒れる。私はしばらく死んだように横たわっている。すると……しばらくして、どこからともなくするすると救いの手が伸びてくるのである。そして、まったく自分の予期しない解決が与えられる。いったいこれは何なのだろう？　いまだにわからない。

だから、私は以後挫折を繰り返すごとに（ああそれからも私は何度挫折したことであろう！）腹が据わってきた。慌《あわ》てないでしばらく倒れていよう、と思うようになった。挫折しているあいだ私はすさまじく孤独である。〔『旧約聖書』「ヨブ記」の主人公〕ヨブのように孤独である。そして、その苦しくつらいあいだに考えたことが、自分の最も真実の叫び声なのだということがますます身に沁《し》みてわかる。

五〇の坂を越えたこのごろ、挫折をうまく避け挫折という素晴らしい体験を味わうチャンスを逸しているこのごろ、つらつら思うこと、それはあのときの孤独をとり戻すことである。孤独であったときに考えたこと、それこそ紛《まぎ》れもなく本物なのだから、私は努めて孤独にならなければならない。そう思うのである。

『孤独について』

仕事に対する理想がはなはだ高くて、どうしてもそれを下げることができないきみは、その道をとことんまで行くしかない。きみはその仕事しか満足しないだろうし、たとえ平凡な仕事についたとしても、長続きしないだろう。だから、じっくりこの難しい道を探らねばならない。それ以外の道はない。きみは、かなりの蓋然《がいぜん》性をもって成功しないであろう。しかし、それもまた豊かな人生になりうるんだ。

誰でも何か仕事をしようとするなら、組織に留まることは絶対ではないが、人間関係を絶ってはならない。

『働くことがイヤな人のための本』

7

幸福を過度に求めない

幸福を過度に求めない

本章のテーマは、これまでのテーマを言いかえただけということは、すぐおわかりでしょう。

無我夢中で走ってきたら、こんな私にも、三〇代の後半から、大学の職が、妻が、息子が、本を刊行する機会が……与えられた。報われていないこともない、と自覚すると、今度は自責の念が体の奥底でぐつぐつ煮えたぎる。少年のころから、私は死ぬ限り幸福ではありえないと思っていたのですが、次々に「普通の幸福」が天から降ってきて、私は狼狽し、「私は幸福ではない」いや、「幸福になる資格はない」と思い込む訓練をするようになりました。私以上に努力しても（結婚はともかく）大学の職が得られない、本を書く機会が与えられない、いや哲学そのものを断念せざるをえない多くの哲学志願者たちを見てきたから。そこで、私はさらに自分の中の「悪」に敏感になりました。

私が沈没せずにうまく立ち回って、いまなおのうのうと哲学しているのは、筋金入りの悪人だからでしょう。

幸福は盲目で怠惰で狭量で傲慢であることの産物

われわれは幸福を求める。だが、それを得るためには、なまの自己愛を覆《おお》い隠《かく》し、賢さを磨き上げねばならないことも知っている。自己愛に賢さの衣を幾重《いくえ》にもまとわせて、この錯綜《さくそう》した現実世界で最大の利益を得ようと努力する。この努力は他人にも称賛され、うまくいけば自分の懐《ふところ》にもさまざまな(物質的・精神的)獲得物が転がり込む。われわれは、賢さに導かれて常に適法的行為を実現しようとする。その外形的に善い行為は自己愛にまみれている。

『悪について』

幸福は、盲目であること、怠惰であること、狭量であること、傲慢であることによって成立している。それが私の基本的考えである。このことは、慎ましい幸福の場合、とくに顕著であるように思われる。

「幸福」という言葉の現代的響きは、全世界を制覇《せいは》するとか、仕事で大成功するとか、名声をかち得るというようなことではなくて、――それはなぜか現代では幸福ではないように思われている――どんな平凡人でも、いや平凡人だからこそ、日々の生活を振り返ればしみじみと感ずることができるものに求められることが多い。家族がみんな健康で、信頼しあっている、それで私はとびきり幸福ではないか、というわけである。そして、私はまさにこうした図式こそ、盲目で怠惰で狭量で傲慢であると言いたい。

『不幸論』

病んでいる人が多い社会、つまり多いことを公表している社会は健全です。なぜなら、人間どう転んでも元気に楽しく幸せにばかりはしていられないからであり、それを無理やりに「そうあるはずだ」として、そうでない人を排除していく社会は危険な社会だからです。不登校児童がひとりもおらず、みんな楽しく学校に通っている社会、引きこもりがまるでなく、みんな職場や家庭に満足している社会は欺瞞的な社会であり、それがホントであるとしたらますます恐ろしい社会です。

『私の嫌いな10の言葉』

一つの強さはぼくがまったく幸福を求めなくなったことにあるのかもしれない。他人にも自分にもほとんど期待しなくなったことにあるのかもしれない。幸福を求めず誰にも期待しないとなると、人は厭《いや》でも強くなるものである。つまり欲しいものがほとんどなくなると、ひとは強くなるということだ。

よく生きるとは幸福に生きることではない

ひとは、無性に欲しいものがあり、それをほとんどの他人もまた望んでおり、しかもそれを手に入れることが可能な場合、確実に不幸になる。

ぼくは一般人が望むものを「共に望む」というゲームから降りてしまったがゆえに、このゲームに負けることがない。他人との競争を降りてしまったという意味で、ぼくには欲しいものはほとんどないのである。ぼくがほんとうに欲しいもの、それらが手に入らないことをぼくは知っている。そして、通常の人が欲しいものはほとんど欲しくない。ぼくが傷つかないのはこのためである。強くなったのはこのためである。

ぼくのうちには、自分自身でも言語化できないほど複雑怪奇な傷つかないトリックがしかけられている。ぼくは三〇年かかってせっせと「奇怪な自意識の城」を築きあげたのだ。この城はぼくが次々に襲いかかる過剰な不幸に過剰に防衛した結果、それでも生きようとして築きあげたグロテスクな城である。そこに住むことは、けっして気持ちのいいものではない。だが、これを築くことができなかったら、ぼくは生きることができなかったであろう。その意味で、ぼくにとって精一杯の作品である。ぼくにとって大切な居場所である。

絶対的不幸〔死〕が存在するかぎり、ぼくは幸福にはなりえないことを知っていた。だから、ぼくは何ごとに対しても期待しなかった。いかに幸福な境地にたどり着いても、それは絶対的不幸の枠内のことなのである。断崖《だんがい》絶壁のすぐ傍らで浮かれているようなものではないか。

『カイン』

無用塾を通して、そこに集《つど》う多彩な人々を通じて、私は膨大なことを学んだ。それは、どんな生き方でもいい、ただ何かしたいことを自分のうちで確認できれば、そしてそれが本物であれば、しかもそれを続けられる場が与えられれば、その人は幸せだということだ。

よく生きることは幸福を求めることを第一の目標として生きることではないということだ。よく生きるとは幸福に生きることではないことを知ること、それが決定的に重要なのだ。それは何かとさらに問えば、何はさておいても第一に真実をめざすという態度のうちに潜んでいる。よく生きるとは、第一に真実をめざして生きることにほかならない。真実は、この場合、外的真実のみならず内的真実(信念)をも含む。そして、その要《かなめ》に死が位置する。幸福になるために死から目を逸《そ》らすのではなく、いかに不幸になろうと死を見据えて生きるということ。

『働くことがイヤな人のための本』

幸福はなくても困らない

社会的成功者とは傲慢かつ単純な人種が多いので、自分の成功を普遍化したがる。こんな自分でも成功した、だからみんなも諦めずにやってみたら、という「謙虚」な姿勢の裏には、臭いほどの自負心が渦《うず》巻いている。しかも、底辺から自力でのし上がってきた人ほどこの臭気は強い。気力とは、抽象的に湧《わ》き出てくるものではない。その人の過去の人生の全風景の中から立ちのぼってくるのです。Aさんは勇敢《ゆうかん》に信念をもって生きつづけ、その結果として現在の成功がある。しかし、それをBさんに当てはめることは、普通できないのです。

だいたい人間が作る社会はどうやってもうまくいかないのです。ああすればこうなる、こちらを直せばあちらが破ける。戦後、わが国民はせっせと汗水たらして多くの国の人びとから恨みを買いながらも、それにめげずにこれほど安全で平等な社会を実現したのですから、その代償は莫大《ばくだい》なものがあって当然だと私は常々思っております。

『私の嫌いな10の言葉』

私は世に言う幸福のほとんどが相対的なもの、人間関係という網の目の中ではじめて生ずるもの、それがなくてもじつはほとんど困らないものだと思っている。いや、それはかなりの害を及ぼすものであるとすら思っている。

ミルは青年の私に、幸福になりたかったら(そのころ、まだ私は自分が幸福になれると信じていた)、幸福を直接求めてはならないことを教えてくれた。ほかのことに熱中しているときに、フッと感ずる満足感、それが幸福なのである。しかし、歳をとるにつれて、精神を集中させる目的はまず見つからないことがわかり、たとえそれが見つかっても、それは私を幸福にしないことがわかった。

幸福とは求めれば求めるほど遠ざかるもの、そういう構造をもっていると思うようになった。といって、求めなければ自然に与えられるものでもない。どうころんでも、与えられないものなのだ。

幸福を求めると不幸になる

幸福を過度に追求すると、たえず「自分は幸福ではない」と不平を言いたくなるし、「ああ幸福だ」と実感したとたん、わずかでも不幸に傾斜することが恐ろしいし、自分より幸福な人を嫉妬するし、自分より不幸な人に無関心な素振りはできない。すなわち、私が幸福を求めれば求めるほど、かならず多大な害悪を及ぼすことがわかった。私は真実を隠蔽《いんぺい》してでも幸福になることを求め、しかもそれを妨げる人を憎み恨み、そしてその人の不幸を望むという貧しい閉塞状態に陥るのである。

「ほんとうの」幸福がどこかにあるわけではない。それは、メーテルリンクの『青い鳥』のように、あなたの足元にころがっているわけではない。それは、あなたの考え方を変えることによって、いますぐにでも手に入れられるものではない。だが、みんな、なんとこう言いたがることであろう。幸福は、平凡な生活のさりげない側面に隠されている。しかし、あなたはそれに気づいていないのだ。なんと平然とこう言いたがることであろうか。しかし、ほんとうの幸福はそんなところにひっそりと隠れているわけではない。じつは、本当の幸福などないのだ。

あたかも純粋な三角形がこの世になく、この世ではいつもゆがんだ三角形を見ているように、われわれがこの世で出会う幸福はいつもゆがんでいる。しかも、それはそれ自体がゆがんでいるのみならず、真実を隠蔽する。ゆがんだ幸福の眼で見ると、われわれは真実が見えなくなるのである。だから、本心から真実を見ようとするなら、幸福であることをあきらめねばならない。幸福を追求することをあきらめねばならない。

『不幸論』

幸福はいつも真実を食い尽くす

この世では、幸福はいつも真実を食い尽くす。真実を呑《の》み込み、胃袋に入れて消化しようとする。幸福な人の眼は真実を見ていない。彼(女)は真実を見ることをあきらめて虚偽を見ている。虚偽を見ながら、「これでいいのだ」と自己催眠《さいみん》をかけている。

真実を知ると不幸になるから、われわれは幸福になるために、正確に言いなおせば幸福であると思い込むために、必死の思いで真実を隠して生き、死んでいくことを決心した。私はどうにかしてこれを裏返してみたいのだ。人生はどうころんでも不幸なのだから、ごまかすのはやめて真実をとことん見すえて不幸に留まってはどうか、「気を紛《まぎ》らす」ことをやめて徹底的にこの恐ろしく理不尽な人生を直視してはどうか、と提案してみたいのである。

私が五〇年余りの人生から学んだことは、人間はどうあがいても幸福にはなれない、ということである。むしろ、セネカの指摘するように、幸福は求めれば求めるほど手の中からすべり落ちてゆく。そして、幸福に到達したと思ったとたんに、その代償として膨大な自己欺瞞《ぎまん》を背負っている自分に気がつく。

「幸福」とはなかなか複雑な構造をもった建造物なのだが、基本的には次の四本の柱の上に建っているように思われる。

1 自分の特定の欲望がかなえられていること
2 その欲望が自分の一般的信念にかなっていること
3 その欲望が世間から承認されていること
4 その欲望の実現に関して、他人を不幸に陥《おとしい》れない（傷つけない、苦しめない）こと

自分の幸福の実現が膨大な数の他人を傷つけながらも、その因果関係の網の目がよく見えないために、われわれはさしあたり幸福感に浸《ひた》っていられるのである。それをすっかり見渡すことができたら、この世に幸福はありえないであろう。

幸福とは、広がりのある概念であって、ある一点に焦点を当てれば、自分の望んでいたことがかなえられたとしても、自分の信念に冷静に照らし合わせてみたり、世間の声に耳を傾けたり、他人に及ぼす波及効果まで視野に入れると、――暴力的に思い込むのでないかぎり――単純に幸福に到達したとは言いきれないのだ。

現実には信念を貫けない場合がある。ひとはそれほど強いわけではない。潔《いさぎよ》いわけではない。だが、私はそのとき断じて「これでよかった」あるいは「しかたなかった」と呟《つぶや》いてはならないと思うのだ。信念を貫けなかった自分の弱さ、不甲斐《ふがい》なさ、ずるさを直視して、きりきりと悩むべきだと思うのである。自分の信念に反して欲望を充足させた場合、その人は幸福を感じてはならない。信念を曲げたことに対して、全身で不幸を感じるべきだということである(もちろんこれは道徳的な「べき」ではない。単なる私の美学である)。

さらに、私の不幸は私のすぐまわりの者に対する告発の部分もあるから、私は自分の不幸を正確に記述することによって、両親・姉妹・妻子・恩人なども深く傷つけている。ひたすら自分を救うために他人を不幸に陥《おとし》れているのであり、自分を救うためには他人を不幸に陥れてもしかたないと居直って書いているのである。こうして、私は——ほかの善良な市民たちと異なり——日々はっきり眼に見えるかたちで犯罪的なことを繰り返しているから、幸福には絶対になれないという「自信」があるのだ。この自信は、私の体内でゆらゆら立ちのぼり、目覚めたときから寝入るときまで、私をしっかり捕獲して放さない。

『不幸論』

わが国における「幸福教」の暴力的な布教

私は本書〔『不幸論』〕で、世の中の幸福論が総じて嘘くさいことを言葉を尽くして語りたいのだ。いかなるものを幸福としてもってきても、やはり人間はしょせん不幸なのではないかという私の実感を、どうにかして言語化したいのである。幸福になる秘訣などどこにもない。あるとしても、それは、真実を見ないで催眠術にかかる秘訣のようなものである。

幸福論は、第一に、自分が幸福であると確信している人が書く。そして、第二に、だれでも自分と同じようにすれば幸福になれると説く。これは、幸福教の暴力的な布教である。すべてが、まやかしである。

各人の幸福は自分の五感で探すよりほかはない。そして、〔イエスの兄弟〕ヤコブが砂漠で神と格闘したように、全身全霊でみずからの人生と格闘した後に、幸福に到達できないことを知って、絶望するよりほかない。言いかえれば、ひとは自分が紛れもなく不幸であること、しかもそれから永遠に抜け出られないことを、身をもって自覚するほかないのである。こうしたことを悟った者は幸福ではない。しかし、幸福という幻覚に陥っている者より数段マシである。

幸福は数々の害悪をもたらす。いや、正確に言えば、幸福の条件はたいそうきつく、われわれは幸福には容易に到達することはできないのだから、幸福でありたい症候群の人々が、暴力的かつ短絡的に「おれ(私)は幸福だ」と思い込むことは、数々の害悪を垂れ流すということである。社会的に幸福ゲームを強要し、それに乗らない人を排斥し、真実を見ようとする眼を曇らせる。思考力を弱らせ、感受性を鈍らせる。こうした暴力が、まさに「幸福」という美名のもとに遂行されるから、ますますタチが悪い。美しい薄絹を幾重にもまとって貧弱な身体を覆い隠し、ひとを徹底的にだますから、ますます悪質である。

私とて、ほんのときたま自分がまずまず幸福であると感ずることがある。だが、それは私が私のまわりで不幸にあえいでいるおびただしい数の者を視界から遮断《しゃだん》しているからであり、私が引き起こす言動が未来に及ぼす果てしない効果を思考から遮断しているからである。つまり、私が怠惰だからであり、ずるいからである。だから、私は幸福だと感じた瞬間、それから「醒《さ》める」努力をする。

幸福という錯覚

アランと私は世界の別の側面を見ている。アランは不平を言う人が嫌いである。その人はその場の雰囲気を暗くするが、そういう権利はだれにもない、とアランは信じている。だが、私は暗い状況なのに、あえて明るくふるまう人が嫌いである。彼(女)は真実を見ないことを私に提案するからである。真実を見ないで、「幸福である」という錯覚に留まりつづけることを私にささやくからである。

そして、——アランとは逆に——私は不平を言う人が嫌いではない。なぜなら、それは「正しい」のだから。この世のいかなることでも、それを直視する勇気をもてば、生きていく気力もなくなるほど理不尽であることは、自明なのであるから。アランのような感受性のほうが一般的であることは百も承知である。だからこそ、あえて私は自分の「趣味」をここで確認したのである。

幻想でも錯覚でも幸福である「つもり」のほうがいいという人に対して、私は何も語りかける言葉がない。彼(女)らがそういう考えをもって生きていて、いっこうにかまわない。

ただ、彼(女)らが近くにいると不愉快であるから、私は避けるだけである。彼(女)らとて、同じであろう。私は自分の感受性を確認しているだけであって、他人にそれを強要しようなどという野心はもっていない。

ただ、幸福教がわが世の春を謳歌《おうか》している祖国で、きわめて少数ながら私と似かよった感受性の人が虐待され迫害されていることを見るにしのびず、そういう人にわずかにエールを送りたいだけである。厳密には、この世にはだれにとっても、幸福はないのだ。世の中でまかり通っている幸福とは、とりもなおさず「幸福であるという幻想」なのだ。こういうことを漠然とでも感じている人に対して、「そう、その通りだよ」と言ってやりたいだけである。

幸福とは、思考の停止であり、視野の切り捨てであり、感受性の麻痺《まひ》である。つまり、大いなる錯覚である。世の中には、この錯覚に陥っている人と、陥りたいと願う人と、陥ることができなくてもがいている人と、陥ることをあきらめている人がいる。ただそれだけである。

共同幻想から「醒める」

「寅さんシリーズ」に典型的であるように、特殊日本的幸福論者たちは他人を傷つけないためには真実を曲げても隠蔽《いんぺい》しても平気である。嘘を語っても、いかなる良心のとがめも感じない。だが、だれかが「ほんとうのこと」を語ろうとすると、なんと周囲の者がよってさに青筋をたててそれを禁ずることであろう。言ってはならない、知らせてはならない、という掟は、なんと強烈なことであろう。

みんな真実を正確に表現することが、いかに平和を乱すかを知っている。だから、みんなで共謀《きょうぼう》して真実を見ないようにしているのである。見ても語らないようにしているのである。特殊日本的幸福論者は、こうした共同幻想に陥るところにこそ、幸福があると確信している。だが、こうして手に入れた幸福は何と脆《もろ》いものであろう。それは、幻想であり幻覚であるから、そして人々は薄々それを知っているのであるから、いったん真実が顔を見せはじめるや否や、びりびり破けていく。

幸福でありたいという願望にみずからがんじがらめになり、手当たり次第に他人を同じ願望の絆《きずな》でしばりあげ、身動きできなくさせて、調和的幸福をひやひやしながら維持している状態がみるみる砕け散っていく。そのとき、真実を見るほうに進むのであろうか。いや、幸福論者たちは、手を携《たずさ》えてこの難局を切り抜けるために、さらに壮大な嘘をつくことを誓い合うのである。「こうした試練もまた私を鍛えてくれた」と。「この不運によって、前よりもっとひとの優しさに触れることができた」と。

こうした熱病のような幸福教の大合唱の中で、真実に目覚める一握りの人がいる。〔二〇〇一年〕大阪の池田小学校で凶器をもって侵入した男に切りつけられて死んだ娘が、どのような最期であったのか両親は知ることを望み、痕跡《きずあと》やさまざま状況証拠からようやく突きとめた、というドキュメンタリー番組を観た。七歳の娘が体のどの部分をどのように刺され、どのように助けを求めながらよろよろ廊下を歩き、昇降口でこらえきれずに倒れ、多量の血を流し、そして息を引きとったか、その全容が明らかになった。それを知ったことは、両親にとって身も裂けるほど辛いことであろう。しかし、なぜか、そういう場合「真実」を知りたいという欲求が忽然《こつぜん》と湧《わ》きあがる。

何のためでもない。ただ、真実が何であったか知りたいのである。死んだ娘のために、真実を知ってやりたいという思いである。こういう境地に達したとき、ひとはごく自然に幸福論者から離れていく。幸福よりもっと大切なものがあることを知る。自分がいかに苦しんでも、不幸のドン底に落とされても手に入れたいものがあることを知る。ひとは熱病のような幸福から「醒《さ》める」。

『不幸論』

幸福教への荒治療

現代日本の幸福追求の風潮からなぜ私は降りるのか。それは、「幸福であると思い込みたい」欲望、ないし「幸福であると思われたい」欲望は、「真実を見たくない」といういっそう強烈な欲望に支えられているからである。

こうした幸福教が支配する国の閉塞《へいそく》状況から抜け出すには、荒治療が必要である。ひとことで言えば、自他を（ある程度）不幸にしてもいいから、他人ともう少し「粗暴な生き生きとした」関係を築くことだ。

私は他人を――いかなる他人でも――ある程度傷つけても、悲しませても、苦しめてもいいと思っている。いや、他人をある程度傷つけ、悲しませ、苦しませることなしには、その人と真摯《しんし》につき合うことはできないと思っている。ということは、自分自身も他人から相当程度苦しめられても、傷つけられても、悲しまされてもしかたないということだ。私は、互いにある程度傷つけ合うこうした関係から、真実で豊かな人間世界が開かれると信じているのであるが、現代の「普通の」日本人はとうていこれを受け入れてくれないであろう。

こうした自己防衛や自己欺瞞《ぎまん》にまみれた産物こそが、じつは典型的な幸福なのである。自己欺瞞にまみれていても幸福なのではなく、自己欺瞞にまみれているからこそ幸福なのだ。自己欺瞞はわれわれを「幸福」という名の錯覚に陥らせてくれる。そして、私はその錯覚に陥りたくないのだから、永遠に不幸である。

私はことさら不幸を望んでいるわけではない。ことさら不幸を渇望《かつぼう》しなくても、厳密に思考することを放棄しないかぎり、人生はもう十分すぎるくらい不幸なのだから。

世界のネガティヴな要素を拡大して見るのが「ペシミズム(厭世《えんせい》主義)」だとすると、私の不幸観はそれとも異なる。わざわざネガティヴな要素にわれわれの視点を集中させなくても、ただ視野を広げて虚心坦懐《きょしんたんかい》にこの世界を眺めてみれば、それは(先ほど語った)壮絶な不幸が迫ってくるというだけのことである。

自分がいつでも不幸であることを自覚するとは、自分をあえて痛めつけることではなく、意図的に自分の望んでいないことを実現しようとすることでもない。そんなことをしようとすれば、ひとは狂気に陥《おちい》るであろう。それは、真実をなるべく覆《おお》い隠すことなく、見る勇気をもつことである。醜いこと、理不尽なこと、偶然的なこと、不可解なことに蓋《ふた》をしたり、無理に納得しようとしたりせずに、そのままそれらを承認することである。

私は自分が不幸である理由づけを求めているのではない。それを来世で取り戻したいわけでもない。「しかたない」と納得したいわけでもない。ただ、人間はだれも幸福にはなれないという事実をまるごと受け取るだけである。

『不幸論』

8

他人に何も期待しない

他人に何も期待しない

小学生のころから、親をはじめ周囲の誰も私の死の苦しみをわかってくれなかった。わかってくれなかったばかりではなく、それはいけないこと、不謹慎なこととして、頑丈な蓋《ふた》をし、そうしたうえで「どんな悩みがあるの?」と聞くのでした。

私はそのころから他人を誰も信じなくなった。他人をまったく信じないと、他人に何も期待しなくていい。それは一抹の寂しさとともに、結構さわやかなものです。

期待すると不幸になる

この世のほとんどの不幸は、他人に過剰に期待することに起因するのではないかと思う。他人に期待することがなければ、他人を恨むこともない。他人の称賛を求めることもない。

『「人間嫌い」のルール』

われわれは、普通相手から嫌われないようにすることに大奮闘したあげくにそれが報われないとなりますと、掌《てのひら》を返したように今度は相手を大嫌いにもってゆく。相手が嫌っている以上に嫌おうと決意してしまう。「嫌い」をゼロにするように努力するか、そうでなければ無限大にもってゆく。こうした単純な二原色ですべてを塗り込めようとするから「嫌い恐怖症候群」の人生は乏《とぼ》しいのです。さまざまな淡い中間色、深い混合色が複雑に配置された人生のほうがずっと豊かだと思いますが。つまり、さまざまな強度のさまざまな色合いの「好き」と「嫌い」が彩っている人生こそ、すばらしいものではないでしょうか。

『ひとを〈嫌う〉ということ』

善人はあたりかまわず「好意」を振り撒《ま》く。それは、じつは自分を守るためである。それは、それぞれの相手の価値や人生観を研究しての好意ではなく、「すべての人に喜ばれる」つもりの好意であるから、粗っぽい押しつけがましい好意であり、「すべての人に喜ばれるに決まっている」という思いに基づく傲慢至極な好意である。だから、こういう好意を大切にする人は、自分の好意が無視されることに耐えがたく、他人にも同じ定形的好意を要求し、それに感謝しない人を激しく非難する。こうして、善人の好意は幾重もの暴力から成っている。

『善人ほど悪い奴はいない』

ぼくですら、社会から完全に抹殺されることは恐ろしかったからなんだ。そして、ぼくは考えに考えた。自分がカインのままであって、しかも善良な市民と共に生きていける道を探そう。それには、自分に自信をつけねばならない。世間に怯《おび》えていてはならない。はっきりと自己主張をして、その結果嫌われても憎まれてもしかたないと居直ろう。すべての人に理解してもらえることを望んではならない。

『カイン』

社会の期待

「大人になること」とは、この国ではこういうことです。それは、どこまでも自分の信念を貫くように行動することではなく、信念をうわべでは曲げても全体の和を乱さないように行動することです。

この国ではみんなすぐに謝る。みずからの非を認めているから謝るのではなく、謝ることそのことが社会に要求されているから、つまり得だから謝る。逆に言うと、謝らずにいると、いかに自分が正しいとしても社会的に損だから謝るのです。

この文化はうわべの意味と隠れた意味をいつも手中に忍ばせて、状況に応じて相手の顔色を窺《うかが》いながら自らを有利に運ぼうとする、高度に洗練された狡猾《こうかつ》な文化だからです。

この国のマジョリティ（とりわけ善人）は、言葉を尽くして論理を尽くして弁解しようとすると、顔を歪《ゆが》め手で振り払って厭《いや》がる。弁解は、誠実とは反対に卑劣な態度に見える。狡《ずる》い魂胆で言葉で丸め込もうとし、男らしくなく、潔《いさぎよ》くなく、反省が足りない。つまり、弁解がましい態度に出たとたんに生理的に嫌悪するのです。

私は「わかってもらえない」苦しみは、人間の苦しみのうちで第一級のものだと信じております。だから、いかなる場合も言葉を尽くして弁解し、聞く側はそれをわずかでも封殺してはならない。すべての弁解を聞いてから反論すればいいのです。

「胸に手をあててよく」考える内容は、西洋風の「良心」ではない。虚心坦懐にウチなる声に聞き耳を立てよ、という意味ではない。そうではなく、今おまえに答えとして何が要求されているかを、ありとあらゆる要素から算出せよ、ということ。

『私の嫌いな10の言葉』

人間同士が嫌い合うことを素直に認めることから、むしろ他人に対する温かい寛大な態度が生まれてくる。他人を嫌うことを恐れている人、他人から嫌われることを恐れている人は、自分にも他人にも過剰な期待をしている。それは、たいへん維持するのが難しい期待であり、ささいな振動によってガラガラ崩れてしまいます。ですから、こういう人はかえって人間不信に陥ってしまうのです。

善人の期待

いつも個人の信念を確認することより、それを滑らかに平均化して、毒を抜くことばかりに勤《いそ》しんでいる。気がついてみると、いつも穏やかな宥和《ゆうわ》状態が実現されている。それはそれで価値あることですが、真に対立を直視した後の宥和ではありませんから、そこには嘘がある。無理がある。思い込みがある。幻想がある。

好きな人と嫌いな人がさまざまな色合いで彩る人生のほうが豊かなのではないかということです。ひとを嫌うこと、ひとから嫌われるということを人間失格のように恐れなくてもいいのではないか。「好き」が発散する芳香に酔っているばかりではなく、「嫌い」が放出する猛烈な悪臭も充分に味わうことができる人生ってすばらしいのではないか。そう思います。

『ひとを〈嫌う〉ということ』

善人たちは、いつの時代においても、けっして自己批判をしない。「みんな」と同じ行動をとることに一抹の疑問も感じない。それどころか、それに限りない喜びや安らぎを覚える。

善人の正しさの根拠は一つだけである。それは「みんな」である。「みんな」とは、誰か？最も数の多い者たちであり。最も物を考えない者たちであり、最も鈍感で最も自己反省しない者たちであり、つまり最も弱い者たちであり、しかもそれでいいと居直っている者たちである。こうした膨大な数の人々によって「みんな」という印章は、現代日本では、葵《あおい》のご紋《もん》より菊のご紋より、高らかに掲げられる。

善人はラクをしたく、しかもトクをしたい輩なのだから、自分のまわりに対立があってはならず、なるべく考えないようにしてすべてのことが進んでもらいたい。つまり、問題が起らないという意味で「平穏」であることが第一なのだ。異質な分子が入り込んで事柄がややこしくなることをひどく嫌う。同じ考えの者同士で固まって、異質な者との接触を毛嫌いするのだ。そうすると、人間は果てしなく「ダメ」になる。

強者は敵から逃げない。敵が強ければ強いほど、敵をしっかり見定める。敵との対決こそが人生の醍醐味《だいごみ》だからだ。だが、弱者はあらゆる敵から逃げる。そして、敵のいない世界を望むのである。

善人は、誰からも傷つけられたくないがゆえに、誰をも傷つけまいとする。誰からも批判されたくないゆえに、誰をも批判しようとしない。誰からも不快な気持ちにさせられたくないゆえに、誰をも不快な気持ちにしないように努力する。こうして、いつもびくびく恐れている、いつもすべてを振り捨てて逃げようとしている小動物のような善人特有のたるんだ顔が形成される。

誰でも、こうした自分の具体的特性に対する嫌悪はありますが、それが崩壊ないし融合して「自分だから」嫌いだというかたちになると、自己嫌悪はかならずしも病的ではないにしろかなり深刻になる。いわば、自分自身に対する「生理的・観念的拒絶反応」となるのです。成熟するとは、こうした中学生レベルの自己嫌悪を逃れて安定した自己肯定へと移行すること。だが、そうできる人がすべてではありません。

自分への期待

疑いなく、五〇歳を越えてなお私は依然として中学生レベルにいる。「自分だから」嫌いという尻《しり》の青痣《あおあざ》がまだまだはっきり残っておりますので。それを追跡してみますと、私はなぜか自分自身に対する過剰な期待をもってしまっている。「自分自身が自分の期待に応えてくれないこと」にいら立ち続ける。いかなる本を書いても(他人がどんなに褒めてくれようとも)不満であり、いかなる講演をしても(他人がどんなに拍手してくれようとも)後悔する。おかしなことに、自分の容貌《ようぼう》でさえそうで、私は自分の写真のすべてが気に入らない。大した顔ではないことは重々承知しているのに、新たな写真を見てまたショックを受ける。これは、心理学者の言う自我理想が極端に高い場合で、私は何をしても自分の成果に満足できないのです。

人間関係にくたびれ果てないために

友人とは、同情されることの悲惨《ひさん》さを知っている者であり、同情するという行為の愚かさを知っている者である。なぜなら、この場合のみ、同情する者は、同情する者に感謝されるどころか反抗され、反射的に羞恥《しゅうち》を覚えることを余儀なくされる。こうして、同情という行為の愚かさを互いに認め合うことができるからである。

表面的には、ニーチェは同情を安易に求める者を足蹴《あしげ》にしているようだが、じつは彼らの人間としての誇りを大切にしたいのである。他人にすがりつかないで、自分の足でしっかり立ってもらいたいのだ。これこそ、まさに「愛」である。しかも、弱者を切り捨てる傲慢不遜《ふそん》な愛ではなくて、弱者に優しい視線を注ぐ愛である。

『善人ほど悪い奴はいない』

私は長くかつ頻繁《ひんぱん》に付き合っていると、誰でもかなり（ほとんどの場合、非常に）嫌いになるという、困った性向の持ち主である。その理由をずっと探っていたのだが、だんだんわかってきた。それはいくつかの要因から成っているが、結局は自他の感受性と信念に対する「誠実さの要求」が、私のうちで高すぎるからである。

人間嫌いは、他人から親切や好意や好意的評価や思いやりなどを期待したくなく、また他人にも、自分から親切や好意や好意的評価や思いやりなどを期待してほしくない。人間関係においてくたびれ果てないためには、互いにこうした期待は最小限に留めたほうがいい。こう心底考えている。

『「人間嫌い」のルール』

いや、もっとはっきり言うと、私に「期待して」無用塾の戸をたたいた少なからぬ青年たちを、私はさらに不幸にしているのだ。青年たちは、私のうちに自分と同類を見いだす。そして、私を慕《した》い、必死に自分を私と同一化しようとする。

幸福という錯覚に陥りつづけていられる善良な市民は、自分固有の不幸の「かたち」を鍛える機会が与えられていないからこそ、ごまかし通して生を駆け抜け、そのまま死んでいくのではないか。

『不幸論』

他人の人生論は役に立たない

私は高みから一般的抽象的なお説教をしたいわけではない。いや、それだけは断じてしたくない。私は、それぞれの重たい人生を導こうとすることが、いかに傲慢か欺瞞《ぎまん》的かということを知っている。こと生き方の問題に関して普遍的な真理を語ることが、いかに嘘くさいかということを骨の髄《ずい》まで知っている。私にとって私の人生は大切なものであるけれど、あなたにとってそれは無に近いもの、せいぜい単なるヒントにすぎないことも知っている。だからこそ、私は私のぶざまな人生をいくぶん詳細に書いてみる勇気を得たのだ。それが、ほとんどの読者にとってなんの意味もないことを悟ったがゆえに、書いてみようと思い立ったのだ。

私は小さなうめき声をあげている少なからぬ人々に、ぽんと私の人生を投げ与えて、それを好き勝手に料理してもらいたいだけである。あなたの人生はあなたの人生なのだから、それに私ごときが口出しできるものではないから、私は安心して「暴挙」に出ることができるのである。

『孤独について』

9　世の中は理不尽であると認める

世の中は理不尽であると認める

「勝手に（自分の意志でもないのに）生まれさせられ、すぐに死ぬ」という大枠がはめられている限り、人生は理不尽に決まっている。

そして、よくよく観察すると、人生はこの大枠から細部に至るまで、ことごとく理不尽で埋め尽くされている。時折、忘れたころに、「理にかなっているなあ」と思わせる現象がぽつぽつと生ずるだけです。このことは、小学生のころから知っていました。

だから、哲学するのです。

人生は「理不尽」のひとことに尽きる

善人はとくに偶然や事故や禍《とが》を忌《い》み嫌う。自分ないし自分の身内が天災や人災に遭《あ》うと、「なぜ、この俺が！　なぜ、この私が！」と泣き喚《わめ》く。何かの間違いではないか、と言いたげである。そして、嗚咽《おえつ》しながら「何の罪もないこの子に！」と告発（誰に対して？）は続く。

よくよく肝《きも》に銘《めい》じてもらいたい。天災や人災は、何の意味もなくただ起こるのだ。太陽が悪人をも照らすように、万有引力が善人をも落下させるように、どんなに「善い人」でも津波や地震で殺されるのであり、同じく車に轢《ひ》かれるのであり、路上で刺されるのである。酒酔い運転者は「悪い人」を選んで車をぶつけるわけではなく、刃物で通行人に斬《き》りかかろうとする男は「善い人」を避けて刺すわけではない。

『善人ほど悪い奴はいない』

冗談を言ってはいけない。およそ幸福な人に不幸な人の気持ちがわかるのは、この世で最も難しいことなのである。そのうえ、「気持ちがわかる」こととその不幸を生きることとは厳然と異なる。失明した人の「気持ちがわかる」ことと、失明して生き続けることとは天と地ほど違うのである。

『カントの人間学』

何度でも説明しよう。私が引きこもっている青年たちの頭にたたき込みたいこと、それはこの社会とは「理不尽」のひとことに尽きるということだ。合理的にことが進まないこと、不合理が罷《まか》り通っていること、ずるく立ち回る人が報われることもあり、誠実そのものの人が没落してゆくこともある。えせ作品が多くのファンを呼び寄せることもあり、真価のある作品が無視されることもある。といって、完全に反対でもない。誠実な人が誠実さゆえに報われることもあり、狡猾《こうかつ》な人が狡猾さゆえに没落することもある、えせ作品がそのつまらなさゆえに、たちまち飽きられることもあり、真実の作品がやがて光を放つこともある。

理不尽であるからこそ、そこにさまざまなドラマを見ることができる。そこに、さまざまな人間の深さを見ることができる。目が鍛えられ、耳が鍛えられ、思考が鍛えられ、精神が鍛えられ、からだが鍛えられる。

『働くことがイヤな人のための本』

何ごとも割り切れない

私も、この人生どう転んでもろくでもないところだと確信すると、とても気が楽になるのだ。いかに一生懸命努力しても報われない場合があること、いかに狡《ずる》く立ち回っても報われる場合のあることを確信すると、ほっと落ちつくのだ。蹴飛ばされても、張り倒されても、それでもなお生きることはなかなか味があるじゃないか、と安心するのである。

『孤独について』

きれいごとに響くかもしれませんが、いかなる職場でも適度にあなたを嫌う人がいたほうが、そこからあなたはさまざまな他人との関係の仕方を学ぶことができる。どこに配置されても、あなたを大好きな人ばかりはいないのですから、そしてその理由は理不尽なのですから、自分が崩れてしまうほど耐えがたいのでないのなら、そこで抵抗力をつける技術を学ぶことが必要です。

『ひとを〈嫌う〉ということ』

能力のある者は少数派です。しかもわれわれは「運」としか言いようがないものに生涯翻《ほん》弄《ろう》されつづける。そして、幸運にもたとえ「好きなこと」を職業として続けることができたとしても、その人びとのうちほとんどは〔いろいろな意味で〕二流以下で終わるのです。

『私の嫌いな10の言葉』

われわれはかつて抱いていた大きなコンプレックスを克服し始めるとき、むしろそれを好んで語り始める。なぜなら、みずから語り出すことは他人の視線を支配できることであり、語ることによるわずかの痛みを差し引いても、かつて語ることができずに他人の視線にさらしていたときの苦しみと比較すると、はるかに耐えやすいことだからである。

『カントの人間学』

道徳的センスとは、常に善いことをしようと身構えているセンスではない。自己批判に余念がなく、たえず自分の行為を点検し後悔するセンスでもない。そうではないのだ。それは、善とは何か、悪とは何かという問いを割り切ろうとしないセンスである。しかも懐疑論に逃げ込まずにえんえん追求しつづけるセンスであり、納得しないセンスであり、そのことに悩むセンスである。〔ドストエフスキーの小説『罪と罰』主人公である〕ラスコーリニコフのように。

こうして、われわれは、善良であろうと努力すればするほど、他人を配慮すればするほど、嘘につぐ嘘の毎日を送らざるをえない、この悪をどのように振り払ったらいいのか、課された問いの難しさに直面して、途方に暮れるばかりである。

『悪について』

繊細な精神とは「割り切れなさ」を大切にする精神とも言えましょう。人間を正確に執拗《しつよう》に観察してゆけば、そこにどうしても「割り切れなさ」が浮かびあがってくる。その割り切れなさを無理やり割り切れるかたちで「解決」してしまうのではなく、むしろそれを割り切れないままに保持し、大切にし、それをどこまでもごまかさずに見据えることが、その根幹にあります。

「人間とは何か」「幸福とは何か」を一般的に考察することのうちにではなく「自分の家の中で起こること」、例えば今女房が何を思い悩んでおり、今息子が何をたくらんでいるか、それを感知することのうちに繊細な精神のすべてがあります。「最も些細なことや最も日常的なこと」に対してどのような態度をとるかを見れば、ある人がいかなる人間であるか、ことのほかよく見えてくるのです。

『人生を〈半分〉降りる』

他人は合理的にあなたを遇してはくれない

われわれがある人に対して(ゆえなく)不快を覚え、ある人を(ゆえなく)嫌悪し、軽蔑し、ある人に(ゆえなく)恐怖を覚え、自分を誇り、自分の帰属する人間集団を誇り、優越感に浸る……という差別感情は、——誤解されることを承知で言い切れば——人間存在の豊かさの宝庫なのである。こういう悪がすっかり心のうちから消え去った人間集団を考えてみよう。そこにおいては、哲学も文学も演劇も、すなわちあらゆる「文化」は消滅するであろう。

「文化」は、自他を攻撃し破壊し、他人を排除し抹殺し、他人に嘘をつき騙《だま》したぶらかし利用するところに、ある集団を尊敬し別の集団を軽蔑するところに成立するのである。

ありとあらゆる動機によって、われわれは他人に危害を与える存在者なのだ。他人を苦しめようとし、その苦しみを喜び、他人を破滅させようとし、その破滅を祝う存在者なのである。

他人に嫌われたくないという願望が極端に強い人は、反省すべきであろう。それは何の美徳でもなく、ただ人間として幼いのであり、むしろ社会に果てしない害毒を流す。人間とは理不尽に他人を嫌うものであり、それを呑《の》み込まねば生きていけない。しかも、人間はきれいごとを言ってそれをごまかすのだ。こうした事態を過度に嘆き、誰もが誰をも嫌わない社会などという夢想状態を描くことは非現実的であり、むしろ有害である。

われわれは他人から(理不尽に)嫌われることに対する抵抗力を身につけねばならず、そうした抵抗力のある者だけが、現実的に差別感情に立ち向かうことができるのである。

ある障害者が出産を間近にして、これまではあれほど自分の障害を文化として誇っていたのに、つい生まれてくる子の五体満足を望んでしまう自分を見出して唖然《あぜん》とした、という内容のテレビ番組を観たことがある。彼女は正直であると思う。

中学生くらいになれば、こういう人間の残酷さを教え、そのうえで差別問題を教材にすべきであろう。「優しさ」や「思いやり」のみ強調する差別論は空想的であり欺瞞《ぎまん》的である。人間の偉大さは、悪に塗《まみ》れていても善を希求するところにあり、他人を騙《だま》し、傷つけ、利用し、破滅させても、「優しさ」や「思いやり」から決定的に逃れられないところにある。こういう人間のダイナミズムを教えるべきであるように思う。

差別問題の難しさは、じつにこの「悪いものがよいものに支えられている」というところにある。われわれ人間がよりよいものを目指すところにある。われわれ人間が「よいこと」を目指す限り、差別はなくならないであろう。いや、「よいこと」を目指す人がすべて同時に差別を目指していることを自覚しないうちは、彼が自分は純粋に「よいこと」だけを目指し、他人を見下すことは微塵《みじん》も考えていないという欺瞞を語る限り、なくならないであろう。

『差別感情の哲学』

人生は思い通りにならないのがあたりまえ

なぜ、世の中の善人どもは正しいことは無償《むしょう》で得られるなどというノンキなことを考えるのであろう。人類の歴史をちょっとでも反省すれば、ほとんどの正しいことが正しいことゆえにはげしく迫害されてきたことくらい学んでこなかったのだろうか。そして、それは嘆かわしいことでも何でもなく、われわれ人間の自然なのである。

いいかい。絶対ひとに迷惑をかけたくないと思ったら死ぬしかないのだよ。しかし、死ぬことは、きみの親やきみの友人やきみの先生や膨大な数の他人に多大な迷惑をかける。だから、それさえできない。つまり、誰も生まれてきた以上は、ひとに迷惑をかけることをやめることはできないのだ。これはわれわれの運命なのだ。

人生は理不尽なんだ。個々の出来事にいかに精緻《せいち》な解釈を施《ほどこ》そうと、すべてはきみの解釈を超えたところで動いていくのだ。きみはそのカラクリを知らないのである。ここで、きみが誠実であろうとするなら、そのカラクリを知ったつ、も、り、になってはならない。理不尽をそのまま認めねばならない。

人生は理不尽である。そのことを肚《はら》の底まで実感するとき、きみは救われる。

きみは理不尽に報われ、理不尽に救われる。きみは理不尽に成功し、理不尽に失敗する。きみは理不尽に幸福になり、理不尽に不幸になる。これがきみが知っている唯一の人生の「かたち」なんだ。もうごまかすのはやめよう。何も見通せない。何も納得できない。それが人生なんだ。どうだね。なぜかほっとするのではないかなあ。

すべてが理不尽である。だから、ぼくは安心してよいことをめざし、それにもかかわらずぼくの行為が引き起こすありとあらゆる悪いこと(理不尽な結果)を受けとめることができるのだ。

『カイン』

人生とは「理不尽」のひとことに尽きること。思い通りにならないのがあたりまえであること。いかに粉骨砕身《ふんこつさいしん》の努力をしても報われないことがあること。いかにのんべんだらりと暮らしていても、頭上の棚からぼたもちが落ちてくることがあること。いかに品行方正な人生を送っても、罪を被《かぶ》ることがあり、いかに悪辣《あくらつ》な人生を送っても称賛され賛美されることがあること。そして、社会に出て仕事をするとは、このすべてを受け入れるということ、その中でもがくということ、その中でため息をつくということなのだ。だから尊いということ。

生涯「運」に翻弄されつづける

一生懸命生きれば人生に成功も失敗もないという単細胞的きれいごとを言いたいのではない。それは完全なる嘘である。一生懸命に生きても(いわゆる)失敗に足を絡《から》まれる。のらくら生きても(いわゆる)成功は降ってくる。多くの人はそう思いたくないばかりについ「成功した人はみんな大変な努力を重ねたのだ」と言ってしまうがそれは違う。これは、ありとあらゆる世の中の理不尽を消してしまいたいという願望から出た怠惰《たいだ》な言葉なのだ。

いかに努力を重ねようとも、成功しない膨大《ぼうだい》な数の人がいることは事実である。多くの人は、「しょせん、才能がないのだ」と言って、割り切ってしまおうとする。たいそうな暴力である。成功した人は、みずからの類《たぐい》まれな成功の理由を自他に納得させたいのであり、失敗した人も、ちょうど被疑者が警察の追及にくたびれはてて、無実でも自白してしまうように、納得できないことを無理にでも納得して楽になろうとする。なぜか？　そうしなければ、その理不尽さに耐えられないからである。

みんな、安心したいのだ。凶暴な心でいたくないのだ。だが、じつは誰でも知っている。

才能が何を意味するのか、よくわからなくなることを。運不運というものが人生を揺さぶりつづけるということを。

評価は必要悪である

成功者は「強者の論理」を恐れることなくぶつけてゆく。それは、潔《いさぎよ》い論理であり、男らしい論理である。実力のみでぶつかることを喜ぶ論理、自信に満ちているので、自分より能力のある者から目をそむけない論理、人間の能力の不平等を素直に認める論理、だから、能力のある者からは何でも学んでやろうとするしごく健全な論理だ。

私はあらゆる評価を即刻やめよ、と言っているんじゃない。そうではなく、評価とは繊細な精神をぐいと抑え込んでしかたなくするものであること、必要悪であることをどこまでも自覚せよ、と言いたいんだ。評価する者は、どんな場合でも公正な評価をしたと自画自賛してはならない、と言いたいんだ。さらに言いたいことは、こうした必要悪を骨の髄まで知りながら、とくに特権的な評価をわれわれは重んじてしまう、その理不尽を自覚せよということなんだ。

前近代は出自や身分によって人は差別されていた。つまり、身分が低ければたとえ能力があっても「人の上に立つ仕事」はできなかった。それは、いまではたいへん不当なことだとみなされている。しかし、近代以降は能力の不平等だけは認めて、それ以外の不平等を一切認めないという社会である。能力の優れた者も劣った者も、同じスタートラインに立って走ることを余儀《よぎ》なくされる社会、そしてその結果を重んじる社会である。それは、やはり同じほど残酷な社会なんだ。

すべてがわからないことながら、われわれは称賛したり非難したりすることをやめるわけにはいかない。結果をそのまま評価することがいかに理不尽でも、やはり結果における成功者を尊敬してしまうのだ。さしあたりは、この理不尽をしっかりと見据えるしかない。そして、みずから生きることを通じて「これでいいのだ」と耳元でささやく声に引き込まれないようにするしかない。評価することと評価されることを断念するのではなく、評価し評価されて苦しみつづけるしかない。なぜかと問いつづけるしかない。

仕事の評価を下す場合には、常に醒《さ》めていなければならない。成功者に熱狂するんではなく、その結果を尊重しながらも同時にそれが偶然であることを見つづける目も養うこと、失敗者をとっさに軽蔑するんではなく、無理にでもそこに残酷な不条理が働いていることを確認する目を養うこと。しかも、成功したからずるいのだとか失敗したから真摯なのだというような符号を逆にしただけの操作ではなく、いきいきとした複眼的な目を養うことだ。

すべては最終的には偶然でありながら、しかも結果で評価されてしまうという理不尽を繰り返しているんだから、社会とはそういう仕組みなんだから、もうそれについて身がもたなくなるほど考えることないんだ。あとは、具体的に生きることを通じて、仕事を通じて、それを確認してゆくしかないんだ。

考えてみれば、この世に生まれてきたこと、いや勝手に生まれさせられてきたこと、そしてまたすぐに死んでいかねばならないこと……こうした不条理の大枠によって人生はかたちづくられているんだから、その大枠内の人生が理路整然としているわけもないじゃないか。

つまり、何ごともこうと決まらないのだ。何ごとも正確には見通せないのだ。割り切れないのだよ。これがすなわち人生なのであり、とすれば生きようとするかぎり、その中にとびこんでいくよりほかはない。

きみは理不尽に成功し、理不尽に失敗する

仕事に報われていない人にとってこそ、この世の理不尽をしっかりと自覚することは救いになるんじゃないかなあ。誰も理にかなって成功する者はなく、理にかなって失敗する者もない。みんな、理不尽に成功し理不尽に失敗するんだから。しかも、みんなこのことに目をつぶって、結果だけを評価するという幻想に陥ろうと企《たくら》んでいるのだから。このひどい粗悪建築を見通せば、仕事に報われない人生もそんなものかとみなして平静になれる。それとも、あなたの失敗はみんなあなたの責任だと無理にでも思い込むほうが楽ですか？

理不尽を徹底的に肝に銘じて人生に船出するとき、人生は天国のようなところでも地獄のようなところでもない。いっさいの労働や作品に対する評価が公正であるわけでもなくめちゃくちゃであるわけでもない。人生を正確に虚心坦懐に見るかぎり、正直者が報われな

いこともあるが、報われることもある。極悪人がのさばっていることもあるが、自滅の道を歩むこともある。私はずっとそう感じてきたし、いまでもそう感じている。

微妙な襞《ひだ》に至るまで正確に自他の人生を観察し、けっして荒っぽく「こうだ！」と決めつけないこと、これは、じつはなかなか訓練の要ることだ。思考の「体力」のいることだ。

だからこそ貴重なことであり、人生の力になるのだ。


『働くことがイヤな人のための本』

みんな違ってみんないい？

つまり、私は一〇歳になる前から、人生とは理不尽きわまりないものであり、はてしなく苦しいものであり、教師や両親が薦《すす》める「よいこと」は自分にとってはちっともよいことではなく、むしろ悪であること……。こうしたことを徹底的に学びました。それは、その後の人生を振り返ってみると、人生に耐える大いなる力をつけてくれたのかもしれません。

しかも、私の言いたいことは（小さなときから痛めつけられてヒネてしまったために）もっともっと込み入っている。「みんなと一緒」を完全に否定して、各人に「そのままでいい」とお説教するお大人もまた全身がぞくぞくするほど厭《いや》なのです。社会はそんなに甘くないこと、社会とはどんなに工夫しても理不尽であること、この厳しさを知らないノーテンキな気休めに思われるからです。個々人はそのままでいいわけではない。生きるかぎり、少なくとも真剣に生きるかぎり、絶対にそのままでいいというわけにはいかない。

人生とは「みんないい」と言っていられないほど酷であること、絶対にそのままでいいわけではないことも教えなければならないように思うのです。だいたいそのままでいいのなら、学校なんか必要ない。「そのままでいい」というぼんやりした言葉ではなく、どの点がどの範囲において「そのまま」でいいのかを生徒と真剣に研究すべきなのです。しかも、それを選び出すこと自体の難しさもじっくり教えるべきです。言いかえれば、人間の残酷さ、人生の理不尽さを小学生のころからぐさりと教えていい。

自分は「そのまま」でもいいけれど、A君やBさんは「そのまま」では困る、という主張は普通であり、自分の趣味嗜好《しこう》と異なる他人にはがまんならないのはあたりまえです。そうした自分のうちにある「頑固《がんこ》な汚れ」を認めつつ、それを消すことの難しさも含めて、「みんないい」ことの意味を教えるべきでしょう。

生徒にではなく先生に一つだけ頼みたいことがある。それは、「きれいごと」を語ることをやめるということ。例えば、一九九七年神戸で起こった少年Aによる首切り事件はたいそう反響を呼びましたが、その学校の校長の言葉が虫酸《むしず》が走るほど厭だった。マイクを向けられて「みんなに生命《いのち》の尊さを語りました」という返事です。生徒が首を切られて殺されたのに「生命の尊さ」もないもんだ。こういう抽象的で安全無害なきれいごとばかり語るから、生徒の耳を素どおりし心に届かないのです。「ああ、また言ってら」という反応しか呼び起さないのです。

校長は、事件が悲惨で異常であればあるほど、今自分がどんな無残な気持ちでいるかを具体的な個人語として語るべきでしょう。それしか生徒たちの心に響かない。中学生ともなれば、いや小学校高学年にもなれば、世の中理不尽なことばかりだということは身に染《し》みて知っているはずだからです。

『私の嫌いな10の言葉』

先生は自分がただの人間であることを宣言することが必要です。先生の「人間宣言」です。先生にも人格があり、先生も超人ではないこと。弱いずるい普通の人間であること。しかし、職業上あたかもそうでないかのように振舞うほかないこと。それが社会に生きることだということ。つまり、先生はもっと人間のあるべき姿ばかりでなく、自分を含めた人間の本性＝自然を教えるべきだと思うのです。人間がいかに残酷であり、支離滅裂であるか、そして各人がいかに不平等であり、人生がいかに不条理であるか、を教えるべきです。

人間は他人を妬《ねた》む者、嫌う者、排斥する者、差別する者……であり、しかも自分はそうされたくない者、幸福を求めながらも、不幸を招き寄せる者、他人の幸福をかならずしも願わずに、往々にして不幸を願う者、極めてエゴイスティックであると同時に、自己犠牲の物語には感動する者、ずるさや卑劣さを嫌悪しながら、しばしばそれに従う者……という人間の内なる豊かな不条理をもっともっと教えるべきだと思います。

『ひとを〈嫌う〉ということ』

能力のある者は少数派である

「好きなこと」を職業に結びつけることができる人はごく限られた幸運な人だけです。そこには、能力と偶然(運)というどうしようもない二つの要因がからみあいながら控えている。能力差は歴然としてあります。相撲取りになれるのもテニスの選手になれるのも、ごく限られた能力の持ち主だけ。こんなに派手な職業でなくとも、中学生のときに成績がオール2では、公務員試験は受からないし、たとえ大学を出たとしても、銀行にも大手企業にも採用されない。それは、誰もが認めるでしょう?

しかし、能力とは血圧のように測れば自然に出てくるというものではなく、一般に経験の中から開花してくるものなので、そこには偶然や運がどうしても入ってくる。

「ほんとうに実力のある人はいつかかならず芽が出る」とも言えない。そう思いたいのはやまやまですが、永遠に芽が出ないとやはり実力がなかったんだ、というふうになるんですから。

『私の嫌いな10の言葉』

弱者＝善人も努力次第で夢は実現される、正直に働きつづければ少なくとも人並みに生きられるという大嘘を教え込み、そのことによって彼ら頭の単純な善人どもの脳みそをかき回し嫉妬《しっと》を掻《か》き立てる。自分がこんなに努力しても（これも疑わしいが）いっこうに生活は楽にならず、金は貯まらず、老後は不安であり、これはどうしたことかと真剣に悩む輩を輩出させるのだ。こういう大衆操作を裏でやってのけるのは「タラントゥラ」という名の踊る毒蜘蛛である。

大衆の嫉妬心や復讐心を煽《あお》り立て、その燃え盛る憎悪を巧みに利用して、「平等、平等！」と叫びながら、この毒蜘蛛は踊り続ける。「タラントゥラ」とは誰であろう？　すべての政治家、ジャーナリスト、テレビに出て意見を述べるすべての者、いやいまとなってはすべての政治家、すべての官僚、すべての企業家、すべての教育者である。すなわち、公の席で何かを語る者は、いまやすべて「タラントゥラ」なのだ。それほどの嘘ゲームを、いつまでもせっせと考案して、膨大な数の犠牲者が呻《うめ》き声を上げているのに、一点の嫌悪感も持たないのは不思議というほかない。

畜群《ちくぐん》〔ニーチェの語。集団から突出することを恐れる人間を指す〕が支配する国では、例外者は例外者であるゆえに白眼視され、排斥され、迫害される。なぜなら、そういう輩がいると、善人たちが全身をゆだねているとろとろ夢見るような安穏《あんのん》が崩れるから、うすうす感づいている真っ赤な嘘が暴露されるからである。

『善人ほど悪い奴はいない』

優れた資質をもつ者、あるいは賞賛すべき業績を上げた人が謙虚であることほど簡単なことはない。彼(女)はすでに多くの人々によって賛美されているのであるから、そのうえ傲慢になる必要がないのである。こうした人々が謙虚であることは、(いわゆる)劣った形質をもつ者、仕事の上で失敗した者、人生において幸運から見放された者が、卑屈にならず、自殺せず、犯罪に走らずに生き抜くことに比べて無限に容易である。

だから、優れた資質をもつ者や仕事上の成功者は、――謙虚になるのはもちろんのこと――そういう「星のもと」に生まれてこなかった膨大な数の人々に対して、負い目をもたねばならない。もちろん、それが最終的解決にはならない。最終的解決はないかもしれない。

だからこそ、その感情から目を逸《そ》らすのではなく、そこに視点を固定して無理にでも自分のうちにうごめくさまざまな感情を捉えなおしてみること。

『差別感情の哲学』

ニーチェ、それは私にとってはいかなる意味でも偉大な哲学者ではない。だが、桁《けた》違いの力（パワー）を持っていた男である。柔和で、品行方正で、臆病で、弱気で、卑劣で、素直である自分自身との「反対物」を死に物狂いで求めていった男、その結果、緊張に耐えられず糸が切れるように精神を崩壊させた男である。ニーチェのうちにデュラー描くところの「戦士」が認められるとすれば、この意味にほかならない。彼の生涯は、ある種の人の胸を打つものである。生きる勇気を与えてくれるものである。それは、自分の反対物をこれほどまでに真摯に求めて生き続けてきたということ、こうした困難に全身で立ち向かったことなのだ。

一瞬もその錯誤《さくご》に、見当違いに、自己欺瞞に気づいてはならない。そうすれば、自分は崩れてしまい生きていけないから。これは、痛ましいが、そうしか生きられない男にとっての唯一の選択肢だとすると、やはり誠実な態度ではないだろうか。彼［ニーチェ］は、選ばれた少数者でありたかった。だが、そうでないことは彼がいちばんよく知っていたのである。

『善人ほど悪い奴はいない』

すべては運命なのか

何ごとにせよ、私はひとから褒められることが嫌いである。この世を支配する偶然や運不運を思い起こし、その結果としてのおびただしい相対的不幸を考えると、褒められることは自分に油断があるからではないかと思う。大いなる失点ではないかと思う。

『不幸論』

こうして、「あのときああしていれば、こうしていれば」と後悔し、頭もしびれるほど後悔した後、われわれの耳にふっと「それでも駄目だったかもしれない」というかすかな声が聞こえてくる。その声に導かれてよろよろと歩いて行くと、別世界からのように「すべては運命なのかもしれない」というさらに低い声が聞こえてくるのです。

実践的＝実用的観点から見れば、人々がとくに過酷な禍《とが》に遭遇したとき、「運命」という名の「意志的な何か」にすがりつくのは、「自分に慰《なぐさ》めを与える」という動機に基づくのではないでしょうか。運命論とは決定論なのであり、運命論者とは決定論者なのです。

運命にすがりつく人は、すべてが決定されているという明らかな確信のもとにあるのではなく、われわれには不可知の意志的なものがすべてを突き動かしているという信念をもつことにおいて、どうにか苦しみから逃れたいという決定論者にすぎない。ほとんどの人は、救われたい、苦しみから逃れたい、楽になりたい、という欲望に眼がくらんで、何かにすがりついてしまう。その場合、最終的にすがりつくものが運命だというわけです。

『後悔と自責の哲学』

個人は精神的にも肉体的にも資質や能力は徹底的に不平等であり、しかもこうした不平等な個人に待ち構える運命も恐ろしく不平等である。こうして、生きているあいだは偶然に翻弄《ほんろう》され、みんな等しく死んでいく。そして、やがて人類も滅亡し、数十万年の人類の記憶は近い将来宇宙から完全に消滅する。この背筋の寒くなるような真実の残酷さを知れば、不幸であることが自然なのではないか。とすれば、無理に幸福を装って欺瞞的に生きるよりも、あっさり不幸を自覚して生きるほうがいいのではないか。そのほうが、「よく生きる」ことができるのではないか。そう思うのである。

『不幸論』

10 哲学する

哲学する

本章には前書きはいらないでしょう。

これまでの九章によって、私には哲学しかできないことを書いてきました。

それはよいことでも悪いことでもないし、他人に薦めるべきことでも禁ずるべきことでもない。

哲学したい人はすればいいのであり、したくない人はしなくていい。

ただそれだけです。

哲学は何の役にも立たない

「哲学すること」と「哲学研究者としてメシを食ってゆくこと」とはまったく関係のないことなのです。ですから、もし読者の中に哲学をしようかなあと悩んでおられる方がいたら、なにも悩むことはない。ただちにすればいいのです。そして、やめたくなったらやめればいいのです。どこまでも哲学しつづけるとしたら、それはそれでいいことでしょう。途中下車するとしても、それでいいのです。ただそれだけです。

『人生を〈半分〉降りる』

私は何を言いたいのか。哲学は何の役にもたちません。しかし、それは、確実に見方を変えてくれる。有用であること、社会に役だつこと以外の価値を教えてくれる。

人のために尽くすこともいいでしょう。老後を趣味に明け暮れるのもよいでしょう。しかし、本当に重要な問題はそこにはない。それは「生きておりまもなく死ぬ、そしてふたたび生き返ることはない」ということの一点をごまかさずに凝視することです。そして、このどうすることもできない残酷さを冷や汗の出るほど実感し、誰も逃れられないこの理不尽で徹底的な不幸を自覚することです。

ここに、「死者の目」が獲得されます。それは、この本〔『哲学の教科書』〕で何度も触れたように宇宙論的な目であり、童話の目、子どもの目にも近い。そして、そうした目で見ると、税務署や検察庁の職員たちも奈良時代の官吏のように輝いてくる。

あと一〇〇万年すれば、いや一〇万年でもいいかもしれない、たぶん人類の記憶は宇宙に一滴も残らないであろう。このことを実感して、夜の電車の中にすしづめになり家路を急ぐくたびれ果てたサラリーマンたちを、その上に揺らめく下品な吊り広告を見ていると、すべてがガラス細工のようにもろくはかなく美しく見えてくるのです。

『哲学の教科書』

だが、もう一つの哲学者がいるのではないだろうか？　その人生への態度が哲学的な人々である。彼らは、すでにものの見方が哲学的であり、たとえカントやニーチェをまったく知らなくとも、理解可能な力をもっている。なぜなら、カントやニーチェの考えた問いを日ごろみずから問うて生きているからであり、そこに、ある親密さを覚えるからだ。

おもしろいことだが、私にはよくわかるんだよ。表面的に健康な世間において問うてはならないとされている問いを抑えつづけることはその人を病的にし、逆にそれをとことん正確に言語化することはその人を健康にするんだよ。

『働くことがイヤな人のための本』

常識の枠から自由になる

哲学するとは「私が今生きているとはどういうことなのか？ そして、まもなく死んでしまうとはどういうことなのか？」という問いを発し、「本当のところどうなっているのか（＝真理）」を知りたいと渇望《かつぼう》すること、このことだけが比類ない圧倒的な問題であると実感することです。

『哲学の道場』

ほかの天体からはじめて地球の光景を見るように、新鮮な驚きの目で日常の周囲世界を見ることが、哲学的だということです。

われわれはすべてのものを――直接にではなく――言葉というベールを通して初めて知覚しているわけです。哲学とは、あまりにもあたりまえに見えて気づかなくなってしまった言葉がもたらすリアリティにメスを入れ、それはいったいどういうあり方なのか、あらためて問い直す試みと言っていいでしょう。

「死」とは「いま存在している私が永遠の無になることだ」と多くの人は理解していますが——そして恐れていますが——、このすべては言葉が生み出したリアリティなのです。「いま」という時間は、物理学には登場してきません。なぜなら、いつもいつも「いま」だからです。同じように「私」も「永遠」も「無」も、物理学が立ち入ることのできない領域に位置する現象、すなわち自然現象ではないことがわかります。人生のあるとき、——あたかもヘレンケラーのように——このすべてを強烈に体験する人がいます。ほとんど天地が炸裂《さくれつ》するほどの衝撃を受ける人もいるようです。

『哲学塾』

哲学は「救い」よりも「真理」を求めます。「死んでまったくの無になる」ことが真理なら、それがいかに耐えがたかろうと、それを受け入れます。救われたいという気持ちをなるべく抑えて、冷静に周囲を見つめます。脂汗をぬぐって、「時間」とは何か、「無」とは何か、「私」とは何か、冷静に思索し続けます。まさに、「絶望」のうちに留まり自分自身であろうと欲する、そうした生き方をなぜか選ぶのです。

『哲学の道場』

「あたりまえ」を解体し、新たに構築する

そのころは、当時わが国にようやく紹介されはじめた分析哲学系の解説書ばかり読んでいた。「心」も「私」も「死」も「時間」もただの言葉なのだ。言葉が存在するからそれらが存在しているという幻想に陥っているのだ。哲学の精緻な議論はどうでもよかった。ぼくは分析哲学者たちの形而上学に対する戦いをこういう宣言とみなした。ここに救いがありそうだ!「私」はいないのかもしれない。「時間」もないのかもしれない。とすると「死」も幻想かもしれないじゃないか。

細いはるかな道が延びているような気がした。「私」や「時間」を殺すことによって「死」を殺すという戦法である。これはやってみる価値がある。どういう形でやるか。ぼくは殺人を計画する人のように――そう『罪と罰』のラスコーリニコフのように――毎日その残忍な殺人計画に身を震わせていた。

他人は「存在」しない。それは「表象」にすぎない。あたかも存在する「かのような」ものに過ぎないかもしれないじゃないか。カントはそう教えてくれる。それを知ったとき、

ぼくは救われる気持ちであった。そうだ、ぼくは他人にこだわる必要はないんだ。わかってもらいたい、愛してもらいたい、気づいてもらいたい……という欲求をもつ必要はないんだ。ぼくのまわりにうごめく人々は、ただぼくに「対している」だけの存在なんだ。ぼくが意味を与えればいいのであって、それ以上の意味を詮索《せんさく》するのは無駄なのだ。

ショウペンハウアーが「世界はぼくの表象だ」と叫んだことの真意がじわっとわかる気がした。それは、発見であり救いであった。森羅万象はぼくの表象にすぎない。ぼくは、このことを確信した。そして、ぼくは誰からも危害を加えられない存在になった。完全に安全になった……。だが、ぼくは喜んでいいのだろうか？　ぼくは自分の安全と引き換えに、すべてを失ったのだ！　ぼくは他人の存在を失った。ぼくは世界の存在を失った。ぼくは、驚くことがなくなった。真の感動がなくなった。ぼくは他人を愛すること、憎むこと、恨むこと、知りたいと思うこと、軽蔑すること、尊敬すること……が真剣にできなくなった。

ぼくとて、あらゆる感情が完全に欠如した怪物ではない。愛や憎しみをフト感ずることもある。しかし、感じた瞬間に、すでにぼくはすべてを完全に意志のコントロールのもとに置いてしまっているのだ。こうした感情は、あっという間に、感情の本来のかたちである受動的なものから能動的なものへと姿を変えている。感情においてさえ、他人はぼくを支配することができないのだ。だが、他人から振り回され、他人の攻撃におじけづき、他人の愛に怯《おび》えていたぼくが、あえぎあえぎたどり着いたこの地点は、なんと寒々としたものなのであろう。そこは絶対零度の地点である。

ぼくはすべての他人を完全に「殺して」しまった。ぼくを苦しめつづけた他人を、完全に抹殺してしまった。世界に存在するものはぼくしかいなくなった。荒涼とした光景だった。いや、ぼくは他人との相関であるのだから、その世界にはぼくさえ存在しないのだ。存在するものは何もなかった。ただの「意味の固まり」が浮遊しているだけなのである。

カントが教えてくれた第二のことは、「愛」から完全に遠ざかることだ。ひとは表象としての他人、意味の固まりとしての他人を愛することはできない。他人が自分の到達できない固有の世界を切り開いているからこそ、自分の自由にならないからこそ、すなわち他人が「存在する」からこそ、ぼくは彼(女)を愛することができるのだ。だが、いつしか、ぼくにとって他人は存在しないということに気づいた。いや、ぼくは長い年月をかけて、ありとあらゆる他人を無我夢中で粉々に破壊しつづけていたのだ。その結果、他人は存在しなくなり、表象にすぎなくなった。

表象は評価したり、鑑賞したり、感嘆したりすることができるだけだ。それを真の意味で愛することはできない。憎むこともできない。同情することもできない。ぼくは傷つきつづけた結果、けっして傷つかない技法を学んだ。ぼくは他人の「存在」を奪い、それを「表象」に降格させた。ぼくは他人を愛することもできず、憎むこともできず、そういうひからびた世界を手に入れることによって強くなった。

ぼくは自分が相当変な男になったもんだと自覚するよ。だが、カントの最大のメッセージは「幸福を第一に求めてはならない」ということだ。もう以上の分析から、当然ぼくが幸福から見放されていることはわかるだろう？　人間は「存在する」さまざまな物や他人との交流のうちで幸福であるからだ。ぼくは幸福になりえなくなった。同時に不幸にもなりえないことを悟った。ぼくを襲う数々の災いも幸運も「意味」にすぎないのだから。

『カイン』

哲学する

何もかもわからなかったから、何もかもわからなくなったから、哲学がしたかった。哲学が何であるのか、私はほとんど知らなかった。だが、そこは何かおどろおどろしい不健康な世界、しかしこの広大な宇宙の中で「死ぬ」とはどういうことなのだろう、という子どものころからの問いに答えてくれそうな唯一の場所であるという予感があった。

『孤独について』

無用塾に来ている若い人々には精神の不安定な人が少なくない。哲学は彼らを直接救うことはできない。だけど、彼らは例えばカウンセラーのもとに走っていき、世間的な回答をもらって満足できる問題ではないことを直感しているんだ。それは断じて解決してはならない問いであることを知っている。自分が死ぬまで問い続けなければならない問いであることを知っている。

驚くべきことだが、私が何も教えたわけではないのに、哲学的問いのあり方の神髄《しんずい》を恐ろしいほど正確に把握しているんだ。こうした人々にとって、厳密な哲学的議論を実践すること、つまり何でも真剣に考えはじめたら恐ろしく難しいということを実感することは、精神安定剤としてずいぶん効き目がある。安易にこうだと決めつけるものはほとんど何もないと実感することは、ずいぶん精神の健康を取り戻すよすがとなる。

『働くことがイヤな人のための本』

もう何度も言ったからこれでやめますが——ほんとうに不思議で不思議でたまらないから何度でも言うのです——わが国のニーチェ学者たちは「神の死」を思うとき、ニーチェのように発狂しそうなのでしょうか？「永遠回帰」を実感するとき、ニーチェのようにめまいがするのでしょうか？もしそうでないとしたら、そのことに疑問を覚えないのでしょうか？ニーチェが全身全霊で攻撃した「学者たち」の一員に成りきっていることに、なんの自責の念もないのでしょうか？

ソクラテスがもし逃亡したら、その行為によって彼の語ったことすべてがウソになります。「ソクラテスはなぜ毒杯を仰いだか」についてはこれまでイヤというほど議論されてきた。しかし、ほとんどの哲学（研究）者は、自分の生活となりますと、この「生活と言葉との一致」

という大原則をあっというまに忘れてしまう、いや忘れたふりをして無視してしまうのです。

のぼせた頭をちょっと冷やしてみればすぐわかることですが、哲学者は大統領でもローマ法王でもなく、論説委員でも評論家でもないのですから、「二一世紀の人類」や「民族の将来」を憂《うれ》える必要はない。「現代の混沌《こんとん》とした価値観」について悩む必要はないのです。そうではなく、与えられた「今ここ」に立脚して自分の「私的な問題」から眼を逸《そ》らさず、ごまかさずにそれと格闘すること、それがすべてです。それでいいのです。それが「正しい」哲学に対する態度なのですから。

哲学は社会的有用性とはまったく関係がありません。いや、場合によってはかえって有害かもしれない。哲学を研究した結果、不幸になっても、狂気になっても、自殺しても、国家や民族が滅びてもしかたないでしょう。哲学は自殺をくい止めたり、人々を幸福にしたり、国家や民族を強力にしたり、人類を永らえさせる力をもっていません。哲学は徹底的に社会的無用物なのです。

『人生を〈半分〉降りる』

定型的で単純な自然因果性に従って、あるいは「運命」という都合のよい概念をもってきて、ものごとをわかってしまうのではなく、逆にすべては偶然だと断じて片づけようとするのでもなく(これも怠惰な態度です)、この世界には苦しみあえぐ人がいて、その人がなぜそのような苦しみに遭《あ》っているのか、そしてさしあたり私がなぜ遭っていないのか、まったくわからないことをいっさいの理由づけを拒否し、しかもそのことに真摯に(プラトンとアリストテレスの言葉を借りれば)「驚く」とすれば、彼らに対する自責の念とともに、「なんで、私でなくてこの人が?」という問いがおのずから生まれてくるのではないでしょうか。そして、この問いにこだわりつづけること、それが、「哲学すること＝知を愛すること」にほかならないのです。

『後悔と自責の哲学』

私は言葉が万能であるなどと一瞬たりとも信じたことはない。われわれが死や救済、愛や憎しみ、信頼や裏切りに直面するとき、言葉は絶望的に無力である。それは、「哲学」が絶望的に無力であることに通じている。このことは、いくら鈍な私でも骨の髄まで知っているつもりである。だが、だからこそ、私は無力な言葉をさらに無力にしたくない。言葉のもつ一抹の「威力」を信じたい。言葉の弱い力を最大限に開花させたい。〈対話〉という乗り心地の悪い荒馬に乗って行き着くところまで行きたい。そして、その果てに——ため息とともに——からだ全体で言葉の無力を噛みしめたいのである。

『「思いやり」という暴力』

哲学をしてよかったことは、世の中のほぼすべての事柄は厳密に考えれば何もわからないのだ、ということが身体の底からわかったことである。

『非社交的社交性』

サルトルは「人間は無用な受難である」という言葉をもって『存在と無』を締めくくった。まさに、そうなんだ！　この苦しみに満ちた人生はまるごと「無用」である。さまざまな納得ゲームから離れ、毅然《きぜん》とこのことを見据えるとき、きみは生きることができる。

『カイン』

おわりに

これは、青春出版社から刊行する私の最初の本です。若い人々に向けて何か、とのご要望でしたが、すでに人生のほとんどを終えた私が、いまさら若い人々に送る言葉などないので、どうしようかと迷っているうちに、いままで二〇年間書いてきた多様な拙著の中からアンソロジーを編んだらどうだろうと思いつきました。これには、もう一つ背景があって、いまネット上で私のさまざまな本から短い文章を選んで掲載している「Twitter(@yoshimichi_bot)」というサイトがあって、そのフォロワーは一万七千人を超えている。じつは、私個人はこれに何も関与していないのですが(誰が関与しているのか知らない)、ときどき読んでみるとなかなかおもしろい。集中的に一冊の本として公開してみたらどうだろう、こう思った次第です。

青春出版社もこれに賛同してくれ、今年の春ころから仕事が始まりました。熱心な編集者である川本弥生さんがはじめに文章を選び、それを私が点検していくつかを省き、また川本さんが追加し、私が承認し……という往復運動を繰り返して、やっとこのような形でまとまった次第です。川本さんは、とくに「要領が悪く・苦しみにあえいでいる・生き方の下手な若者に勇気を与えるような言葉」を選ぶのですが、私はそのいくつかがウソくさくて気に入らない。そういう自分は「生き方が下手」というテーマをうまくまとめて出版するほど「生き方がうまい」のではないか、と思ったからです。また、この歳まで生きてきて、各人の人生は特有であって、他人の体験などほとんど役に立たない、という信念はますます強くなっているからです。こうして、自分で言い出しておきながら、川本さんが熱心になればなるほど私は冷淡になり、川本さんが不機嫌になっていけばいくほど私は元気になっていく、というヘンな関係で仕事は進み、やっとふたりがそれほど不満ではない形にこぎ着けました。よって、本書は川本さんと私との「共著」と言っていいでしょう。

思えば、中学三年のときにかわいがってくれた担任の女の先生が、ことあるごとに私に「あなた、なんでもっと〈ふつう〉になれないの?」と言っていました。私はそれがとても悪いことだと感じ、そして心から〈ふつう〉になりたかったのですが、どうしてもなれなかった。そして、〈ふつう〉に憧れつつも、〈ふつう〉になれないままに、そのときから五五年が経ちました。私が自分の人生に対してわずかにでも自信があるとすれば、〈ふつう〉でないままに、とにかく一生懸命生きてきたことくらいでしょうか……。

最後に、青春出版社の川本弥生さん、私の難しい注文に快く（？）応えてくださって、あらためて感謝いたします。

二〇一六年八月十二日

リオ・オリンピックたけなわ、五二年前の東京オリンピック（私は一八歳でした）を思い出しながら

中島義道

出典著作一覧

『哲学の教科書』講談社学術文庫
『差別感情の哲学』講談社学術文庫
『カントの人間学』講談社現代新書
『非社交的社交性　大人になるということ』講談社現代新書
『悪について』岩波新書
『双書　哲学塾　「死」を哲学する』岩波書店
『私の嫌いな10の言葉』新潮文庫
『私の嫌いな10の人びと』新潮文庫
『働くことがイヤな人のための本』新潮文庫
『カイン　自分の「弱さ」に悩むきみへ』新潮文庫
『ひとを〈嫌う〉ということ』角川文庫
『善人ほど悪い奴はいない　――ニーチェの人間学』角川新書
『孤独について　生きるのが困難な人々へ』文春文庫

『人生を〈半分〉降りる　哲学的生き方のすすめ』ちくま文庫
『哲学の道場』ちくま文庫
『後悔と自責の哲学』河出文庫
『不幸論』ＰＨＰ文庫
『「思いやり」という暴力　哲学のない社会をつくるもの』ＰＨＰ文庫
『「人間嫌い」のルール』ＰＨＰ新書
『怒る技術』ＰＨＰ研究所

著者紹介

中島義道（なかじま　よしみち）
1946年福岡県生まれ。東京大学法学部卒。同大学院人文科学研究科修士課程修了。ウィーン大学基礎総合学部修了（哲学博士）。電気通信大学教授を経て、現在は哲学塾主宰。著書に『うるさい日本の私』（角川文庫）、『私の嫌いな10の言葉』（新潮文庫）、『悪について』（岩波新書）、『「時間」を哲学する』（講談社現代新書）ほか多数。

〈ふつう〉から遠《とお》くはなれて
「生《い》きにくさ」に悩《なや》むすべての人《ひと》へ　中島義道語録《なかじまよしみちごろく》

2016年11月５日　第１刷

著　　者　中《なか》島《じま》義《よし》道《みち》
発行者　小澤源太郎

責任編集　株式会社 プライム涌光
電話　編集部　03(3203)2850

発行所　株式会社 青春出版社
東京都新宿区若松町12番１号 〒162-0056
振替番号　00190-7-98602
電話　営業部　03(3207)1916

印　刷　中央精版印刷　　製　本　大口製本

万一、落丁、乱丁がありました節は、お取りかえします。
ISBN978-4-413-23015-5 C0095

青春出版社の四六判シリーズ

玉ねぎ みかん「皮」を食べるだけで病気にならない
1日「小さじ1杯」で驚きの効果
熊沢義雄　川上文代［協力］

お金のこと、子どもにきちんと教えられますか？
自立できる子が育つお金教育
河村京子

会社を辞めて後悔しない39の質問
俣野成敏

超一流の営業マンが見えないところで続けている50の習慣
菊原智明

「いいこと」ばかりが起こりだすスピリチュアル・ゾーン
それは、すべてが自動的に起こる領域
佳川奈未

目を動かすだけで「記憶力」と「視力」が一気によくなる！
中川和宏

一瞬で人生がうまく回りだす魂の力
越智啓子

冷蔵庫から始める残さない暮らし
よりスリムに心豊かな生活へ
中野佐和子

七田式 子どもの才能は親の口グセで引き出せる！
七田 厚

佐藤優選
自分を動かす名言
佐藤 優